希臘和古代中亞

讀書劄記

余太山 著

圖書在版編目（CIP）數據

希臘和古代中亞：讀書劄記／余太山著．—北京：商務印書館，2023
ISBN 978-7-100-22910-4

Ⅰ.①希… Ⅱ.①余… Ⅲ.①古希臘－歷史－研究 ②中亞－中世紀史－研究 Ⅳ.①K125 ②K360.7

中國國家版本館CIP數據核字（2023）第166679號

權利保留，侵權必究。

希臘和古代中亞
讀書劄記
余太山　著

商　務　印　書　館　出　版
（北京王府井大街36號　郵政編碼 100710）
商　務　印　書　館　發　行
三河市尚藝印裝有限公司印刷
ISBN 978-7-100-22910-4

2023 年 11 月第 1 版　　　開本 880×1230　1/32
2023 年 11 月第 1 次印刷　　印張 6 1/4
定價：48.00 元

目錄

緒說 ... 001

一　亞歷山大經略中亞的背景和契機 ... 003
二　亞歷山大經略中亞歷程述略 ... 021
三　亞歷山大經略中亞的主要政治與軍事策略例證 ... 055
四　塞琉古帝國與中亞的關係 ... 076
五　希臘—巴克特里亞的獨立和迪奧多圖斯王朝 ... 094
六　希臘—巴克特里亞王國歐西德謨斯王朝史述要 ... 116
七　歐克拉提德斯王朝和希臘—巴克特里亞王國的滅亡 ... 150

參考文獻 ... 170
索引 ... 186
後記 ... 193

緒説

馬其頓亞歷山大東征是古代世界史上的一件大事。爲了徹底征服阿喀美尼德帝國，使自己成爲亞洲之主，在大流士三世死後，亞歷山大開始進軍中亞。此舉在中亞史上影響深遠，尤其是亞歷山大去世後成立的希臘—巴克特里亞王國，給中亞乃至西北次大陸打上了深深的民族的、文化的烙印。不僅如此，希臘—巴克特里亞王國對於東西文化的接觸和交流也起了不可低估的作用。

由於資料、特別是文獻資料的匱乏，上述歷程中許多問題至今不甚了了。本書擬在儘可能吸收已有成果的基礎上，考述其間若干主要環節，以填補自己對這段歷史認知的空白。

一　亞歷山大經略中亞的背景和契機

A

公元前359年，腓力二世（Philip II，前382—前336）登基，在他治下，馬其頓開始強大，躋身希臘最重要的公國之列。他在科林斯（Corinthe）召開了希臘各邦和公國的代表大會。會議決定成立科林斯同盟，組織遠征軍，向阿喀美尼德帝國（Achaemenid Empire）宣戰，以報復長期以來波斯人入侵希臘犯下的罪行。[1]

公元前336年夏，正當馬其頓上下動員、準備遠征亞洲之際，腓力二世突然遇刺死亡。其子亞歷山大（Alexander the Great，前336—前323年在位）繼位，時年20歲。他首先前往科林斯，續訂公元前338年締結的條約，獲得指揮進軍亞洲的各盟國部隊統帥的頭銜。

亞歷山大在平息巴爾幹半島等地的叛亂、將底比斯（Thebes）夷為平地，消除後顧之憂後，便向阿喀美尼德帝國宣戰。時阿喀美尼德帝國大流士三世（Darius III，前380—前330）在位。

降至公元前四世紀,一度強盛的阿喀美尼德帝國已經開始衰落。波斯人生活奢侈、貪圖享樂,軍力削弱。這樣一個老邁的帝國面對的卻是心雄萬丈的亞歷山大。

從公元前334年格拉尼卡斯(Granicus)戰役之後亞歷山大致大流士三世的信札中[2],我們可以清楚地知道馬其頓人發動東征的目標,蓋據阿里安(Arrian,約86—160)《亞歷山大遠征記》(*Anabasis of Alexander*)[3]記載:

> 雖然我國從來都未曾侵略過你們的祖先,但你的祖先卻侵略過馬其頓和希臘其他地區,對我為害極大。我已經正式被任命為全希臘總司令,並已率軍進入亞細亞,目的是攻打波斯,報仇雪恥。但壞事還是你們先挑起來的。你曾幫助坡任薩斯(Perinthus)[4]作惡,為害我父親;歐卡斯(Ochus)[5]曾派兵侵入屬於我們主權範圍的色雷斯(Thrace)[6];你還曾指使陰謀家刺殺我父親,這件事你們竟然還在信件中向全世界公開吹噓[7];你還曾借助巴果斯(Bagoas)[8]之手暗殺阿西斯(Arses)[9],以不正當的手段篡奪王位。按照波斯法律,這是非法的,對波斯國民也是莫大的污辱。你還給希臘人寫黑信,教唆他們向我宣戰。你還向拉斯地蒙[10]人(Lacedaemonians)以及其他一些希臘人送大批錢,除拉斯地蒙人外,其他城邦都未接受你的賄賂。最後你竟然派使者收買並腐蝕我的朋友,妄想破壞我在全希臘促成的和平局面。這時,我纔忍無可忍,拿起武器來對付你。挑起爭端的是你。

现在，既然我已经在战场上先把你的众将领和总督征服，这次又把你自己和你的部队击溃，从而占领了这一带的土地，这是天意。既然我打胜了，我就应当对你那些未战死沙场而投奔到我这里来的所有官兵负责。确实，他们投奔到我这里完全是出于自愿，而且还自愿在我部队服役。因此，你应当尊我为亚细亚霸主，前来拜谒。如果你担心来到之后我会对你无礼，那你就可以先派你的亲信前来接受适当的保证。等你前来拜谒时，提出请求，就可以领回你的母亲、妻子和孩子以及你希望得到的其他东西。只要我认为你提的要求合理，就都可以给你。将来，不论你派人来还是送信来，都要承认我是亚细亚的最高霸主。不论你向我提出什么要求，都不能以平等地位相称，要承认我是你的一切的主宰。不然，我就会把你当作一个行为不正的人对待。如果你想要回你的国土，那你就应当据守阵地，为你的国土而战，不能逃跑。因为，不论你逃到哪里，我总是要追的。(II, 14)

亚历山大历数阿喀美尼德帝国对希腊犯下的罪恶，可见报仇雪耻[11]、摧毁阿喀美尼德帝国、迫使大流士三世俯首称臣是他率军东征的首要目标。值得注意的是，他不仅要征服阿喀美尼德帝国，还要通过对阿喀美尼德帝国的征服，使他自己成为"亚细亚的最高霸主"。

其实，亚历山大要当"亚细亚的最高霸主"这一点，当他率军渡过赫勒斯滂（Hellespont）海峡[12]时，已有明确的表示。盖据狄奥多罗斯（Diodorus，约前90—前30）的《历史集成》

(*Bibliotheca Historica*, XVII)[13] 記載：

> 亞歷山大率部抵達赫勒斯滂，將部隊自歐洲運至亞洲。他親自開船，與六十艘戰艦一起駛向 Troad[14]。他在船上擲出他的矛，使它插在大地上。他隨之跳躍上岸，成爲第一個踏上亞洲土地的馬其頓人。這意味著他從神那裏接受了亞細亞——一枝矛贏得的獎品。（XVII, 17-2）

説者以爲國王此舉效法普拉提西勞斯（Protesilaus）[15]，是古典的進攻的宣示，完全適用於復仇戰爭；但有更深層的含義：既然隨後亞歷山大宣稱神賜予他亞細亞，這是用矛贏得的領土，則表明他打算用武力將他的王國版圖擴大到整個亞細亞。[16]

高加梅拉（Gaugamela）戰役之前，大流士三世曾提出割讓遠抵幼發拉底河的所有領土，支付 30,000 塔蘭特（talent）[17]的贖金贖回其家人，將長女斯塔苔拉（Stateira）[18]許配亞歷山大，但遭到亞歷山大的拒絕。[19]這也表明亞歷山大東征的目標不僅是摧毀阿喀美尼德帝國，而是征服整個亞細亞。

B

早在大流士一世（Darius I，前 550—前 486）時代，阿喀美尼德帝國已領有中亞，這種情況似乎直至大流士三世即位也沒有變化。也就是說，征服阿喀美尼德帝國就必須包括對中亞的征服。

事實上，在亞歷山大進軍中亞之前，阿喀美尼德帝國轄下中亞各地的部隊都投入了大流士三世抗擊馬其頓入侵的戰鬥。蓋據阿里安《亞歷山大遠征記》記載，公元前331年，在高加梅拉戰役[20]中和馬其頓部隊對峙的大流士三世的部隊十分龐大，因為有大批援軍，其中就包括來自中亞各地的：

> 巴克特里亞（Bactria）[21]邊境上的一些印度部族，加上索格底亞那（Sogdiana）[22]人和巴克特里亞人。以上這些部隊都由巴克特里亞總督柏薩斯（Bessus）指揮。和這些人一起前來支援的，還有居住在亞洲斯基泰人（Scythians）[23]當中的一個叫塞種（Sacae）[24]的部族。他們所以來支援，並不是因為他們附屬於柏薩斯，而是因為他們和大流士結了盟。這批部隊是馬上弓箭手，指揮官叫馬那西斯（Manaces）。還有阿拉霍西亞（Arachotia）[25]總督Barsaentes率領的阿拉霍西亞人和所謂的印度山地人、阿瑞亞（Areia）[26]督辦Satibarzanes率領的阿瑞亞部隊。帕西亞烏斯（Parthyaeus）[27]指揮赫卡尼亞（Hyrcania）[28]和塔普瑞亞（Tapurians）[29]部隊，所有騎兵都由福拉塔弗尼斯（Phraphernes）指揮。……（III, 8）

上述出現在大流士三世的軍隊中的索格底亞那人、巴克特里亞人、塞人，以及阿拉霍西亞人等的原居地都可以歸入中亞。而據阿瑞斯托布拉斯（Aristobulus）[30]記述，戰役結束後曾搜獲大流士三世部署部隊作戰的書面材料。根據這些材料可知，"巴克特里亞騎兵掌握左翼。跟他們在一起的有大益（Dahae）人[31]和阿拉霍西亞人組成的部隊"。不僅如此，"面對亞歷山大右翼的地方，部署的是斯基泰騎兵、一千來名巴克特里亞部隊和一百輛刀輪戰車"[32]。也就是說，波斯軍左翼的重任主要落在中亞部隊的肩上，足見大流士對他們的信賴。事實上，在戰鬥中，來自中亞的部隊確實發揮了重要的作用。阿里安《亞歷山大遠征記》有如下記載：

> 兩軍漸漸接近，大流士和他的直屬部隊已經歷歷在目。有波斯"金蘋果長矛手"、印度部隊、阿爾貝尼亞（Albania）[33]部隊、"移居的"卡瑞亞（Caria）[34]部隊和馬地亞（Mardia）[35]弓箭手。這些部隊都面對亞歷山大和他的皇家中隊擺好了陣勢。但亞歷山大却帶著他的部隊向右移動。對此，波斯部隊也采取了對應的行動，使他們的左翼遠遠伸展到希臘部隊右翼之外，形成包抄之勢。和希臘部隊平行前進的斯基泰騎兵已與部署在亞歷山大主力前邊的部隊接觸。但亞歷山大仍沉著而堅定地繼續朝右翼伸展，幾乎走過了波軍踏平了的那片戰場。大流士看到這情況，深恐馬其頓部隊開到不平整的地方去，使他的戰車失去作用，於是就下令他的左翼前沿部隊包抄亞歷山大率領的希軍右翼，以阻止他們再向右延伸。針對大流士的這一著，亞歷山大下令米尼達斯（Menidas）所率雇傭兵向他們衝擊。於是大流士的斯基泰騎兵和跟他們編在一起的巴克特里亞騎兵就同時向他們撲來，以其數量上壓倒的優勢把他們趕

了回去，這時亞歷山大命令阿瑞斯托（Aristo）旅、培歐尼亞（Paeonia）部隊和雇傭部隊去攻擊斯基泰騎兵，於是波方遲疑起來。但其餘的巴克特里亞部隊，一經和培歐尼亞部隊以及外籍部隊交手，馬上就使開始往後逃跑的友鄰部隊壯了膽，重又投入了戰鬥。於是一場近距離的騎兵會戰展開了。亞歷山大的人馬大批倒地，這是因爲波斯軍佔有數量上的壓倒優勢，也是因爲斯基泰的騎手和馬匹都有較好的護身甲。即使如此，馬其頓部隊還是堅決頂住了敵軍的衝擊，而且一隊接著一隊地英勇衝擊敵陣，還是把敵軍陣綫突破了。(III, 13)

由此可見，馬其頓人和中亞人的交手早在高加梅拉戰役中已經開始。在這次戰役中，中亞人已讓馬其頓人領略了他們的英勇善戰。

C

亞歷山大進軍中亞始於追擊大流士三世。這也許不是他原來的計劃。從某種意義上，可以説亞歷山大抓住了這個契機，開始了對中亞的征服戰爭。據阿里安《亞歷山大遠征記》記載：

他（大流士）從戰場逃出後就越過亞美尼亞（Armenia）[36]山地一直朝米底（Media）[37]逃去。跟他一起的有在戰役中他親自率領的巴克特里亞騎兵，還有波斯部隊中的皇家親屬隊和"金蘋果長矛手"的大部。在逃跑的路上跟他會合的還有福西亞（Phocia）[38]人帕戎（Paron）和伊托利亞（Aetolia）[39]人格勞卡斯（Glaucus）所率二千來名外籍雇傭兵。大流士之所以逃向米底，是因爲他猜想亞歷山大在戰役結束後將取道向蘇薩（Susa）[40]和巴比倫（Babylon）前進。因爲那些地區都有人烟，而且運輸隊在那條路上也好走。此外，巴比倫和蘇薩兩城是誰都想奪取的戰爭目標，亞歷山大自然也不會例外。而通向米底的道路則與此相反，大部隊走起來諸多不便。(III, 16)

大流士三世的判斷是正確的。亞歷山大一離開阿柏拉（Arbela）[41]就踏上通往巴比倫的大道。巴比倫獻城迎降。亞歷山大任命官吏守城，自己率部向蘇薩進軍。蘇薩人亦獻城歸順。(III, 16) 亞歷山大離開蘇薩，渡過帕西底格里斯河（Pasitigres）[42]，擊降攸克西亞人（Uxians）[43]。(III, 17) 接著，亞歷山大分兵兩路進攻波斯首都，自己率部穿過山區前進，經過激戰，奪取波斯關口（Persian Gates）[44]，佔領了波斯波利斯（Persepolis）[45]。(III, 18)

公元前330年5月，因聽說大流士已逃至米底，亞歷山大離開波斯波利斯城，進軍米底。據阿里安《亞歷山大遠征記》記載：

> 當時大流士決定，如果亞歷山大留在蘇薩和巴比倫暫不前進，那他也就在米底等一等，看看亞歷山大有什麼新動向。如果亞歷山大繼續向他追擊，他就想到內地去，向帕西亞（Parthyaea）[46]和赫卡尼亞撤退，甚至撤到遙遠的巴克特

拉（Bactra）[47]去。沿途堅壁清野，使亞歷山大不可能再向前推進。他派人把仍然跟隨他的婦女和行裝什物、篷車等等送到一個叫作裏海關口（Caspian Gates）[48]的地方。他本人則帶了由殘留部隊中選出的一部分人在埃克巴塔那（Ecbatana）[49]等待。(III, 19)

又據阿里安，亞歷山大在進軍米底途中，征服了帕瑞塔卡（Paraetacae）[50]人。嗣後：

[亞歷山大]又瞭解到，斯基泰人和卡都西亞（Cadusia）人[51]已同大流士結爲盟友，大流士於是決意和亞歷山大再打一仗，爭個高低。因此，亞歷山大就命令他的輜重、軍需等後勤部隊和他們所帶物資跟在後邊，自己率領其餘部隊以戰鬥隊形前進，準備投入戰鬥。第十二天到達米底。他瞭解到大流士的部隊已不值一打，卡都西亞和斯基泰並未派兵來幫助他，所以大流士又決定逃跑。因此，亞歷山大就加快了進軍的步伐。當到了距埃克巴塔那還有三天路程的地方，比斯塔尼斯（Bistanes，大流士的前任波斯王歐卡斯之子）來見亞歷山大，説五天以前，大流士帶了財寶已從米底逃跑了，隨身帶有七千塔蘭特、三千騎兵和大約六千步兵。(III, 19)

到達米底後，亞歷山大朝埃克巴塔那方向追擊，復自埃克巴塔那向帕提亞前進。(III, 19) 亞歷山大用了十一天時間到達拉伽

(Rhagae)⁵²，休息五天後，向帕西亞進軍，在裏海關口附近宿營，第二天過關。(III, 20)

但形勢急轉直下，大流士被其臣下劫持。蓋據阿里安《亞歷山大遠征記》記載：

> 這時，從大流士營地來了巴比倫皇族的巴基斯坦尼斯（Bagistanes）找亞歷山大，跟他來的還有馬扎亞斯（Mazaeus）的兒子安提貝拉斯（Antibelus）。他們向亞歷山大報告說，跟大流士一起逃跑的騎兵司令 Nabarzanes、巴克特里亞總督柏薩斯、阿拉霍西亞和德蘭癸亞那（Drangiana）⁵³總督 Barsaentes 等人已把大流士劫持起來。聽到這個消息之後，亞歷山大祇帶著夥友部隊、騎兵偵察隊、步兵中精選出來的裝備最輕戰鬥力最強的一支部隊，還沒等科那斯（Coenus）那批人收集糧秣歸來，立即以從未有過的速度衝向前去。指定克拉特拉斯（Craterus）率領其餘部隊跟上，但叫他們不必採取急行軍速度。亞歷山大所率部隊除武器和兩天的口糧之外什麼都未帶。通宵達旦地趕路，一直到了第二天中午，他纔叫部隊休息了很短時間，隨後又急速前進，日夜兼程，天亮時到達那個巴基斯坦尼斯出發的營地，但沒追上敵人。在當地瞭解到大流士確已被劫持，裝在一輛篷車裏帶走。柏薩斯已頂替大流士掌握了大權。巴克特里亞騎兵和跟隨大流士逃跑的那些波斯部隊都尊他爲領袖。祇有 Artabazus 和他的兒子們以及希臘籍雇傭軍不承認。據說這些部隊仍然忠於大流士，但因爲他們既不能阻止政

變發生，又拒絕跟柏薩斯及其追隨者一起採取行動，所以他們祇好離開大路，逃入深山。劫持大流士的那些人決定：假如亞歷山大繼續追趕，就把大流士交給他，以便在談判中爲他們自己爭得較好的條件；如果他們獲悉亞歷山大已經後撤，則儘可能集結一支強大的軍隊，聯合起來，以保衛他們的帝國。暫時由柏薩斯當統帥，一方面因爲他過去和大流士的關係接近，另一方面因爲政變是在他的總督轄區內發生的。（III, 21）

值得注意的是，劫持大流士的主謀是巴克特里亞總督柏薩斯，支持他的是阿拉霍西亞和德蘭癸亞那總督 Barsaentes 等人。這三處都是阿喀美尼德帝國治下的中亞及其附近督區，由於遠離阿喀美尼德帝國的統治中心，經常處於一種半獨立的狀態，一旦中央勢力衰落，它們的離心傾向就出現了。他們劫持大流士三世無意取悅亞歷山大，充其量是將大流士三世視作可以和亞歷山大討價還價的籌碼。所謂"保衛他們的帝國"，其實是保衛他們自己的領地。

當亞歷山大趕上柏薩斯的隊伍時，大流士三世已死。阿里安《亞歷山大遠征記》的記述如下：

> 亞歷山大瞭解此情況之後，就決定以全力追趕。他的士兵和馬匹連日不停地奔馳，已經筋疲力竭。儘管如此，亞歷山大還是不顧一切地向前衝，衝了一整夜，白天還接著衝，直到第二天中午，已走了很長一段路，到達一個村莊，就是劫持大流士的人一天以前宿夜的地方。亞歷山大聽村裏人說波斯人決

定夜間繼續逃跑。他向他們打聽是否有近道可以追上逃跑的人。他們說有，但那條路上荒無人煙，又無水。亞歷山大不管這些，還是請他們帶路，就順這條路追趕。他知道全速前進時步兵跟不上，於是就命令五百來名騎兵下馬，從步兵軍官和其他體力還很強的人中挑選一部分人攜帶自己原來的步兵武器上馬跟他前進。命令近衛隊司令尼卡諾（Nicanor）和阿格瑞安（Agrian）[54]部隊司令阿塔拉斯（Attalus）率領落在後面的部隊沿著柏薩斯及其隨行人員逃走的那條大路儘量輕裝跟進，其他步兵則以平日行軍隊形前進。黃昏時，亞歷山大即率部出發，全速追擊。一夜之間疾馳四百斯臺地（stade）[55]左右，剛好在破曉時趕上波斯部隊。這些波斯人沒有帶武器，自由自在地走在路上。因此，祇有少數人掉頭進行抵抗。大部分則一見亞歷山大，不等他走近，撒腿就跑。那些回頭招架的人，死傷了一些以後，其他人也就作鳥獸散了。柏薩斯和他的隨從帶著關在篷車裏的大流士逃了一段路。但當亞歷山大眼看就要追上他們的時候，Nabarzanes 和 Barsaentes 就把大流士刺傷，丟下不管。他們自己帶著六百騎兵逃脫。大流士不久因傷重而死。亞歷山大未能見他一面。(III, 21)

亞歷山大命令把大流士的屍體送到波斯波利斯，埋葬在皇陵裏，跟大流士以前的帝王埋在一起。(III, 22)

大流士三世之死並沒有使亞歷山大停止進軍的步伐，反而因窮追弒君的柏薩斯等人進入了中亞。

一　亞歷山大經略中亞的背景和契機 ｜ 015

在一次大會上，亞歷山大面對馬其頓軍隊不願意繼續進軍亞洲的厭戰情緒，發表了長篇演說。在這篇演說中，他強調指出，如果退出亞細亞，馬其頓人會面臨叛亂的危險。昆圖斯・庫爾提烏斯（Quintus Curtius，公元一世紀）的《亞歷山大大帝史》（*Histories of Alexander the Great*）[56] 明確地記述了亞歷山大對於當時中亞各族的看法：

> Nabarzanes 領有赫卡尼亞，兇手柏薩斯不僅佔據巴克特拉，而且威脅我們！索格底亞那、大益、瑪薩革泰（Massagetae）[57]、塞種和 Indi 都是獨立的。這些人一旦發現我們撤退，會立刻追隨他們。因為他們屬於同一民族，而我們是異族，是外國人。（VI, 3.9-10）

此時亞歷山大談論的已不再是復仇，而是吞併一個帝國。他要做大流士三世的繼承人，要獲得阿喀美尼德帝國的全部領土，絕不允許它的任何部分仍然獨立。[58]

於是，他進軍赫卡尼亞，這個地區在通向巴克特里亞的大道的左邊。當他發覺原來跟著大流士的那些雇傭兵順這條路逃到塔普瑞亞山地去了，便把全軍分為三部分，自己帶著裝備最輕的大部分部隊走那條最短但最難走的道路，到達一個赫卡尼亞人居住的名叫扎德拉卡塔（Zadracarta）[59] 的城市。（III, 23）之後，他擊降赫卡尼亞西南邊界的馬地亞人。（III, 24）在扎德拉卡塔耽擱了 15 天後，再向帕西亞進軍。從那裏又進入阿瑞亞。（III, 25）就這樣，亞歷山大因追趕弒君的柏薩斯，馬不停蹄踏上了中亞的征途。

進軍中亞，在亞歷山大整個東征中具有特殊的地位和重要的意義。

1. 阿喀美尼德帝國都城雖已陷落，大流士三世雖已身亡，但阿喀美尼德帝國幅員遼闊，只有殺掉弒君的柏薩斯，才能起到安定人心的作用。而懲罰柏薩斯，就必須征服中亞。亞歷山大懂得：波斯不能僅僅依靠武力征服。

2. 不征服中亞，就沒有完成征服波斯的任務（波斯東北邊界遠在錫爾河）。大流士三世雖死，但巴克特里亞等原阿喀美尼德帝國的中亞督區尚未臣服，柏薩斯且自號"亞細亞之王"。在亞歷山大心目中，要征服整個亞洲，就必須征服阿喀美尼德帝國領土的每一部分。

3. 對於亞歷山大而言，征服波斯之後，下一步的行動是進攻印度，如果興都庫什山以北不得安寧，就有後顧之憂。只有征服中亞，才能進而攻略印度，完成征服亞洲的任務。

總之，亞歷山大進軍中亞的背景是他企圖成為亞細亞的霸主，其契機是大流士三世在高加梅拉戰敗後東逃，途中被巴克特里亞總督劫持後殺死。隨著亞歷山大進軍中亞，中亞進入了一個新的歷史時期。

■ 注釋

1. 公元前492—前490年間阿喀美尼德帝國大流士一世首次侵入希臘。其後，薛西斯一世（Xerses I，前486—前465年在位）又於前480年再次入侵。

2. 一般認爲此信應寫於高加梅拉戰役前夕。參看 Bosworth 1980, pp. 227-229, 259。高加梅拉，大致在 Bumodus 河畔，距阿柏拉城約六百斯臺地，今伊拉克北部 Mosul 東。

3. Brunt 1983. 引文採自 LiH 1985。

4. 坡任薩斯，色雷斯城名，位於今土耳其馬爾馬拉（Marmara）海畔。

5. 歐卡斯，指阿喀美尼德帝國大流士二世（Darius II，前423—前404年在位）。

6. 色雷斯，南歐古地名，今分屬保加利亞、希臘和土耳其。

7. 指腓力二世被刺事件。

8. 巴果斯，阿喀美尼德帝國大臣（死於前336年）。

9. 阿西斯，阿喀美尼德帝國君主（前338—前336年在位）。

10. 拉斯地蒙，即斯巴達（Sparta），古希臘 Laconia 的城邦國，位於今希臘南部。

11. 亞歷山大焚毀波斯波利斯的宮殿，是典型的復仇行爲。見注3所引 Arrian 書（III, 18）。

12. 赫勒斯滂海峽，今加利波利（Gallipoli）海峽。

13. Geer 1984.

14. Troad，今土耳其比加（Biga）半島。

15. 普拉提西勞斯，古希臘神話特洛伊戰爭中的英雄。

16. Bosworth 1988, pp. 38-39.

17 塔蘭特，重量單位，其值因地而異。

18 斯塔苔拉，大流士三世之女，前333年伊蘇斯（Issus）戰敗後被俘。

19 關於大流士三世之求和，各史記載不一。Bosworth 1988, pp. 75-76，對此有分析和概括。

20 高加梅拉戰役，也稱阿柏拉之戰。高加梅拉位於今伊拉克北部Mosul以東。前331年亞歷山大在此大敗大流士三世。

21 巴克特里亞，地區名，位於興都庫什山和阿姆河之間，今阿富汗北部。

22 索格底亞那，今阿姆河與錫爾河之間，以澤拉夫善河流域為中心的地區。

23 斯基泰人，波斯人對其北方，特別是錫爾河北遊牧部族的泛稱。

24 塞種，遊牧部族聯盟，由Asii等四部組成，原居伊犁河、楚河流域，後西遷，逐走原居錫爾河北岸的瑪薩革泰人。

25 阿拉霍西亞，古地區名，位於今阿富汗南部。

26 阿瑞亞，古地區名，位於今阿富汗西北部Heart周圍，即Aria/Arei。

27 帕西亞烏斯，即帕提亞，位於今伊朗東北部。

28 赫卡尼亞，阿咯美尼德帝國一督區，今伊朗北部裏海沿岸諸省和土庫曼斯坦西部裏海沿岸南段。

29 塔普瑞亞，古代裏海附近的土著，居地在今伊朗北部Mazandaran省和Gilan省的Alborz山一帶。

30 阿瑞斯托布拉斯，希臘歷史學家和工程師，曾隨亞歷山大東征。

31 大益人，古代中亞遊牧部族，斯基泰人之一支。《史記・大宛列傳》作"大益"，見SimaQ 1975，下同。

32 據Quintus Curtius (IV, 12)，還有一千名大益騎兵，英譯見Rolfe 1956。

33 阿爾貝尼亞，古地區名，位於今巴爾幹半島。

34 卡瑞亞，阿喀美尼德帝國督區之一，位於 Anatolia 西部。

35 馬地亞，伊朗的一個山地部落，居住在近東的不同地區。詳見 Gregoratti 2014。

36 亞美尼亞，位於 Ararat 山脈周圍的高地上，前六世紀末，成爲阿喀美尼德帝國領土的一部分。

37 米底，古地區名，今伊朗西北部。

38 福西亞，古希臘地區名。

39 伊托利亞，希臘 Corinth 灣北岸的一個多山地區。

40 蘇薩，在底格里斯河東，今伊朗 Khuzestan 省的蘇薩城。

41 阿柏拉，今址爲 Mosul 以東 80 公里的 Arbil，今伊拉克 Kurdistan 地區。

42 帕西底格里斯河，在 Susa 以南一段的底格里斯河在 Apamea 附近先分流成兩河道，再匯流，匯流之後的河道被稱爲帕西底格里斯河，見 Pliny (VI, 27)。

43 攸克西亞人，伊朗西南部 Zagros 山區的半遊牧民。

44 波斯關口，Zagros 山的隘口，在阿喀美尼德帝國的 Elam 和 Persis 兩督區之邊界，今名 Tang-e Meyran，是 Fars 省和 Kohgiluyeh Boyer-Ahmed 省之邊界。

45 波斯波利斯，遺址在今伊朗 Fars 省 Shiraz 東北 70 公里處。

46 帕西亞，即帕提亞（Parthia），阿喀美尼德帝國督區之一，位於今伊朗東北部。

47 巴克特拉，巴克特里亞首府，在今阿富汗北部巴爾赫省 Mazar-e Sharif 西北，阿姆河南岸。

48 裏海關口，一般認爲即今 Dariel 山口，在裏海西南岸。

49 埃克巴塔那，米底首府，今伊朗 Hamadan 省首府 Hamadan。

50 帕瑞塔卡人，居地爲 Paraetacene，在今伊朗 Fars 省，波斯波利斯遺址東北 87 公里處。參看本書第二篇注 11。

51 卡都西亞人，斯基泰部族之一，遊牧於伊朗西北。

52 達拉伽，今地爲 Rey，伊朗首都德黑蘭南 15 公里處。

53 德蘭癸亞那，阿喀美尼德帝國督區之一，位於今 Hamun 湖周圍。

54 阿格瑞安，古部落名，集中居住在上 Strymon，今保加利亞西部。

55 斯臺地，也作 stadia，古希臘長度單位。1 Stade 等於 202 碼，約合 180 米。

56 Rolfe 1956.

57 瑪薩革泰，古遊牧部族，一度領有錫爾河北岸。後被來自伊犁河、楚河流域的遊牧部落 Asii 等逐出故地，一部分西遷外，一部分越過錫爾河進入索格底亞那，亞歷山大東征時遇見的正是這部分瑪薩革泰人。

58 Bosworth 1988, pp. 96-97.

59 扎德拉卡塔，可能是今 Sari，在 Tejan 河畔。說見 Bosworth 1980, p. 351。

二　亞歷山大經略中亞歷程述略

　　現存專事記載亞歷山大東征中亞的原始資料主要有以下六種，按大致成書年代可臚列如下：1. 狄奧多羅斯的《歷史集成》(*Bibliotheca Historica*, XVII, 本篇簡作"Diodorus"）[1]；2. 普魯塔克（Plutarch，46—119/120）的《亞歷山大傳》(*Life of Alexander*, 本篇簡作"Plutarch"）[2]；3. 阿里安的《亞歷山大遠征記》（本篇簡作"Arrian"）[3]；4. 昆圖斯·庫爾提烏斯的《亞歷山大大帝史》（本篇簡作"Curtius"）[4]；5. 佚名（公元四世紀）的《亞歷山大旅程》(*Itinerarium Alexandri*, 以下簡作"IA"）[5]；6. 佚名（公元四至五世紀）的《梅茨摘要》(*Metz Epitome*, 本篇簡作"Metz"）[6]。此外，斯特拉波（Strabo，前64/63—約公元24）的《地理志》(*Geography*, 本篇簡作"Strabo"）[7]和查斯丁（Justin，公元二世紀）《龐培·特羅古斯書的摘要》(*Epitome of Pompeius Trogus* [前一世紀]，本篇簡作"Justin"）[8]等著作亦有所涉及。其中，Arrian所載最爲詳實。以下以Arrian爲主，輔以其他。限於見識，各書不一致處，並列之，不牽強調和，免枘鑿之譏。

A 前奏

公元前331年10月，著名的高加梅拉之戰爆發。阿喀美尼德帝國大流士三世大敗，亞歷山大追擊之，渡Lycus河[9]扎營，但夜半起兵，追擊大流士三世直至阿柏拉（Arrian, III, 8-15）。爲追擊大流士三世，亞歷山大自阿柏拉直奔巴比倫，復自巴比倫行軍20天抵達蘇薩。於是，他決定進軍波斯首都（Arrian, III, 16）。亞歷山大離開蘇薩，渡帕西底格里斯河，侵入Uxii人居住的高地，奪取了其人把守的關口（Arrian, III, 17）。接著，亞歷山大分兵兩路進攻波斯首都，自己率部穿越山區前進，經激戰，攻取波斯關口，佔領波斯波利斯城（Arrian, III, 18）。[10]前330年6月，聽說大流士已逃至米底，亞歷山大遂自波斯波利斯城進軍米底，途中征服了帕瑞塔卡[11]人。接著，亞歷山大到達米底，朝埃克巴塔那方向追擊。到埃克巴塔那後，亞歷山大率部向帕提亞前進（Arrian, III, 19），歷時十一天到達拉伽，休息五天後，進軍帕提亞，第一天在裏海關口附近宿營，第二天過關，一直走到有人煙地區的邊緣（Arrian, III, 20）。此時，亞歷山大獲悉大流士被其臣下劫持，便日夜兼程，全力追趕。而當他趕上時，大流士三世已死（Arrian, III, 21）；時在前330年7月。[12]劫殺大流士三世的禍首是阿喀美尼德帝國的巴克特里亞總督柏薩斯。亞歷山大東征中亞的歷程乃始自追捕柏薩斯。

其過程可大致分爲以下幾個階段。1. 赫卡尼亞之戰；2. 翻越高加索山[13]；3. 渡過Oxus河[14]；4. 征略索格底亞那；5. Tanais河[15]

對峙；6. 追剿斯皮塔米尼斯（Spitamenes）；7. 擊降索格底亞那岩寨；8. 尾聲：進軍 Chorienes 岩寨[16]和巴克特里亞。

以下以 Arrian 的記載爲主線，輔以其他各種，勾勒其大致歷程。

B　赫卡尼亞之戰[17]

1. 據 Arrian，赫卡尼亞位於通向巴克特里亞大道左側。亞歷山大發覺大流士的希臘雇傭兵已逃往塔普瑞亞山地，他打算收服這些雇傭兵，並順路征服塔普瑞亞人，於是分兵三路前往。他親率一軍取道最短、最難走的路，前往赫卡尼亞。（III, 23）

據 Diodorus，亞歷山大進軍赫卡尼亞，第三天在 Hecatomtapylus[18] 城附近紮營，其地富裕，他停留數日，使軍隊得以休息。然後趕了 150 弗隆（furlong）[19]的路，宿營處靠近 Stiboeities 河[20]，該河水量充沛。此後，他佔領了赫卡尼亞所有城市，直抵裏海。往赴赫卡尼亞之前，亞歷山大召集全軍，説服馬其頓人繼續追隨他征戰。（XVII, 75）

據 Plutarch，亞歷山大在處理完大流士後事後，率特選精兵進入赫卡尼亞。（44）亞歷山大擔心馬其頓人厭戰，將大部分人員留在防區駐地，只率少數精兵計 20,000 名步卒和 3,000 名騎兵前往赫卡尼亞。出發前，亞歷山大還發表了動員演説。（47）

據 Curtius，亞歷山大在 Hecatompylos（= Hecatomtapylus）紮營，作爲馬其頓軍隊的永久補給據點。（VI, 2）由於勝利，馬其頓人認為業已取得決定性勝利，思鄉心切，準備班師回國。這有違亞歷山大初衷，乃向全軍發表演說，其要點如下：在波斯取得的勝利是不牢靠的。因為被征服者的宗教、文化和語言與馬其頓人沒有親緣關係。一旦馬其頓人離開，形勢將會逆轉："到目前為止，我一直假定大流士統治下的一切都已經屈服於我們的武裝，而事實上，Nabarzanes[21]已經佔領了赫卡尼亞，兇手柏薩斯不僅佔領了巴克特拉，還威脅我們，巴克特拉、大益、瑪薩革泰、塞種[22]和印度人均保持獨立。他們看到我們轉身那一刻就會追上來；因為他們血統相同，而我們是外國人，種族不同。"總之，要使波斯人認識到馬其頓人進行的戰爭是正義的——是針對柏薩斯的罪行，而不是針對波斯民族，達到使波斯人服從的目的。（VI, 2-3）亞歷山大的講話受到士兵熱烈歡迎。（VI, 4）

2. 據 Arrian，在一處宿營地，大流士的騎兵將軍 Nabarzanes、赫卡尼亞和帕提亞兩地的總督 Phrataphernes 以及其他一些波斯高級軍官前來歸順。在這處營地，亞歷山大耽擱了4天。其間，塔普瑞亞人曾攻擊其後衛部隊，但被擊退。離開宿營地後，亞歷山大繼續進軍赫卡尼亞城市 Zadracarta 城，與其他二路人馬會師，馬其頓軍隊途經諸處均已被降服或歸順。波斯貴族 Artabazus 率其三子到 Zadracarta 城投奔亞歷山大；塔普瑞亞總督 Autophradates 等人也表示歸順，亞歷山大讓 Autophradates 繼續當總督。大流士的希臘雇傭軍也派出代表投降。（III, 23）[23]

據 Diodorus，赫卡尼亞及其鄰近部落，以及不少大流士麾下的指揮官均表示投誠，亞歷山大態度仁慈、作風公正，獲得眾口讚譽。大流士三世的希臘雇傭軍1,500餘人亦歸降，亞歷山大將他們分配到軍中各個單位，待遇和薪餉一視同仁。(XVII, 76)

又據Curtius，亞歷山大講話兩天後，他經由帕提亞（Parthiene）[24]進軍赫卡尼亞，爲了保護帕提亞人不受蠻族侵害，他把將軍Craterus和他指揮的軍隊，以及另一將軍Amyntas率領的小分隊留在了帕提亞，外加600匹戰馬和同樣多的弓箭手。亞歷山大和將軍Erigyius分頭進軍：Erigyius帶輜重穿越平原，他自己帶領方陣和騎兵穿山越谷前往，在途中建立了一個設防的營地。在營地休息時，他收到Nabarzanes的信，爲自己辯解，表示願意追隨亞歷山大。亞歷山大向他保證不傷害他。亞歷山大繼續前進，一路上招降納叛，包括大流士死後逃散的波斯貴族們，以及Tapuri[25]的總督Phradates[26]等。他任命Manapis爲赫卡尼亞總督。(VI, 4)

在赫卡尼亞，亞歷山大遇見大流士最忠實的支持者Artabazus。Artabazus受到亞歷山大友好的接待。亞歷山大還收編了波斯的希臘雇傭軍1,500餘人。接著，他到達赫卡尼亞大流士宮殿所在，接受了Nabarzanes的投降。(VI, 5)

3. 據Arrian，受降後，亞歷山大率部進攻馬地亞人，馬地亞人不敵而降，亞歷山大任命Autophradates爲總督，管理馬地亞人和塔普瑞亞人。(III, 24)[27]

據Diodorus，亞歷山大沿海岸線繼續西行，進入馬地亞人的領地；其人自以爲有能力抵抗馬其頓人，配置8,000士兵防守隘道。亞歷山大發起攻擊，大有斬獲，餘衆被驅入山中營寨。

正當馬其頓人大肆破壞四周鄉村時，亞歷山大一匹最出色的坐騎被土著搶走。爲此，亞歷山大暴跳如雷，下令若不歸還此馬，整個地區將寸草不留，居民將被斬盡殺絕。當他將威脅付諸實施時，土著膽戰心驚，不僅歸還了馬匹、奉上名貴禮物，還押送 50 名肇事者，乞求寬恕。亞歷山大將其中最重要者留作人質。(XVII, 76)

Plutarch 亦載亞歷山大坐騎 Bucephalas 被赫卡尼亞土著劫走事。(44)

據 Curtius，赫卡尼亞邊境的馬地亞人不肯聽從亞歷山大的命令，他親率輕裝部隊前往征討馬地亞人。馬地亞人投降，國王留下人質，將他們置於塔普瑞亞總督 Phradates 治下。亞歷山大坐騎 Bucephalas 失而復得的故事就發生在征討馬地亞人時。(VI, 5)

4. 據 Arrian，在處理了一些事情後，亞歷山大進軍赫卡尼亞王宮所在地 Zadracarta。在彼處，因祭祀和體育競賽等，亞歷山大耽擱了 15 天，然後動身前往帕提亞和阿瑞亞，到達阿瑞亞的城市 Susia[28]，阿瑞亞總督 Satibarzanes 迎降，亞歷山大讓他繼續當總督，且派一名夥友配合他維持秩序，以免受馬其頓後續部隊之騷擾。

"這時有些波斯人來見亞歷山大，向他彙報說柏薩斯的帽子按國王的戴法戴著[29]，還穿上波斯皇家錦袍[30]，自稱'阿太薛西斯'(Artaxerxes)[31] 和'亞洲之王'(King of Asia)。他們還彙報說，柏薩斯手下現在有跟他一起到達巴克特里亞的波斯部隊和一大批巴克特里亞土著部隊。他還期待斯基泰（Scythia）盟軍跟他會合。"

正當亞歷山大整頓全軍、打算進軍巴克特里亞時，忽然得悉阿瑞亞總督 Satibarzanes 叛變，殺害了亞歷山大留下協助他的馬其頓軍人，武裝阿瑞亞人，佔領了阿瑞亞王宮所在地 Artacoana 城 [32]，並決定率部投奔柏薩斯，和柏薩斯一起打擊馬其頓人。亞歷山大立即回軍，用 2 天時間趕到 Artacoana 城。行程 600 斯臺地。

Satibarzanes 吃驚之餘，率少數阿瑞亞騎兵逃跑，餘部隨之潰散。亞歷山大殺戮叛者，任命波斯人 Arsames 爲阿瑞亞總督。於是提軍挺進 Zarangaea 人居地 [33]，抵達其王宮所在。當時佔據該地區的 Barsaentes [34] 南逃印度，被印度人抓住送回，因曾參與謀殺大流士被亞歷山大處決。(III, 25) [35]

據 Diodorus，亞歷山大在赫卡尼亞時，獲悉阿瑞亞總督 Satibarzanes 反叛，殺死該地的馬其頓士兵，進駐 Chortacana [36] 城，乃率軍往討。Satibarzanes 率 2,000 騎士往保柏薩斯，餘人據險而守。經亞歷山大 30 天的征伐，這一督區所有的城市望風而降。然後，他離開赫卡尼亞，進軍 Dranginê [37] 首府，並在那裏暫停，讓軍隊充分休息。(XVII, 78)

Plutarch 並未詳述亞歷山大在赫卡尼亞的活動，只是說他離開赫卡尼亞後，進入帕提亞，行程與 Arrian 所載相同。(45)

而據 Curtius，亞歷山大擔保 Satibarzanes 的安全，並讓他繼續擔任 Arii [38] 總督。通過 Satibarzanes，亞歷山大獲悉，柏薩斯穿上了皇家長袍，並下令稱他爲 "Artaxerxes"，正集結斯基泰人和居住在 Tanais 河附近的人。當亞歷山大下令燒毀笨重的行李，輕裝向巴克特里亞前進並討伐柏薩斯時，得知柏薩斯已發動進攻，他親自任命的 Arii 總督 Satibarzanes 也已叛變，亞歷山大決定首先鎮壓 Satibarzanes，率輕裝部隊和騎兵，貪夜急行軍。Satibarzanes 聞訊，率2,000名騎兵逃至巴克特拉。其餘部眾則就近佔領山丘。亞歷山大命將封鎖Arii，親自追擊Satibarzanes；後又回頭攻擊Arii人，以火攻消滅了盤踞岩頂的人，將矛頭指向Satibarzanes，攻克了Artacana[39]城。在得到來自希臘的援軍後，亞歷山大挺進德蘭癸亞那[40]，其首領Barzaentes（= Barsaentes）是柏薩斯的幫兇，怕受懲罰，逃往印度。（VI, 6）

5. 據Arrian，亞歷山大處理完Philotas事件[41]後，繼續進軍，抵達Ariaspiae人居地[42]。亞歷山大因其人曾慷慨支援居魯士而有好感，允許其人自治。（III, 27）

據Diodorus，在Draginê，亞歷山大遭遇Arimaspia人[43]。其人善待馬其頓人。因其人之祖先曾拯救居魯士，亞歷山大優待之，給予獎勵。Arimaspia人之鄰居Cedrosia[44]人亦得到亞歷山大的照顧，土著Tiridates受命管理兩者。（XVII, 81）

據Curtius，亞歷山大任命了新的Arii總督，然後進軍Arimaspi[45]領地。因曾援助居魯士，亞歷山大對其人頗有好感，在60天內起草了有關的法令，並安排大流士的前秘書Amedines管理其人。（VII, 3）

今案：亞歷山大進軍中亞的序幕始自赫卡尼亞。赫卡尼亞位於裏海東南角，是阿喀美尼德帝國的一個小督區。亞歷山大自帕提亞出發追捕柏薩斯，理應經Aria[46]往東，何故西向？主要原因似乎有二：

其一，亞歷山大欲東征柏薩斯，必須有一個安全的後方。東西兩線作戰乃兵家大忌，必須竭力避免。大流士三世死後，柏薩斯及其追隨者東赴巴克特里亞，不少不滿乃至仇視柏薩斯的波斯貴族都西奔赫卡尼亞。其中，不僅有波斯貴族，還有大流士三世的希臘雇傭兵。不管怎麼說，對於馬其頓人而言，這些人都是敵對力量。他們盤踞在赫卡尼亞，亞歷山大是寢食難安的。

其二，亞歷山大深知波斯不能全憑武力征服，必須籠絡人心。所謂飢者易爲食，流亡赫卡尼亞的波斯貴族較易籠絡，他打出懲罰柏薩斯的旗號，更顯得名正言順。此舉堪稱轉化敵對力量。在赫卡尼亞，亞歷山大不僅接受了不少波斯重臣的歸順，還將希臘雇傭兵收爲己用，加強了自己的實力。但 Satibarzanes 歸降衹是迫於形勢，或者說根本就是假的；亞歷山大並未能識破或預做提防，以至造成後來的被動。

C 翻越 Caucasus 山 [47]

1. 據 Arrian，嗣後，亞歷山大繼續向巴克特里亞進軍，沿途降服了德蘭癸亞那人、伽德羅西亞（Gadrosia）[48] 人和阿拉霍西亞人，派將軍 Menon 當他們的總督。沿途積雪很深，給養缺乏，行軍十分艱苦。(III, 28)

據 Diodorus，Satibarzanes 率騎兵部隊，自巴克特里亞抵達阿瑞亞，煽動當地人反叛亞歷山大。聽到這方面的消息，亞歷山大遣將軍 Erigyius 等率軍往討，自己則赴 Arachosia，幾天內就使該地區歸順。(XVII, 81) 征討 Arachosia 之後，亞歷山大進入

Paropamisadae 人[49]領地，克服了嚴寒、雪盲等困難。(XVII, 82)

據 Curtius，亞歷山大動身前往 Arachosii[50]，進入一個與世隔絕的部落 Parapamisadae 的領地。他任命 Menon 爲 Arachosii 總督，留下守軍。(VII, 3)

2. 據 Arrian，亞歷山大聽說 Satibarzanes 從柏薩斯處得到 2,000 騎兵入侵阿瑞亞，乃遣 Erigyius 等率兵往討。不久，Satibarzanes 在和 Erigyius 決鬥中斃命，其部眾逃散。(III, 28)

據 Diodorus，Satibarzanes 死於與 Erigyius 的決鬥。(XVII, 83)

據 Curtius，進入 Arimaspi 人領地 4 天後，亞歷山大獲悉 Satibarzanes 叛變、投靠柏薩斯，當即命將軍 Erigyius 等率馬步軍往討。(VII, 3)

3. 據 Arrian，亞歷山大抵達 Caucasus 山南麓，築亞歷山大城[51]，留下駐守兵將後，率部翻越 Caucasus 山，向巴克特里亞前進。(III, 28)

據 Diodorus，進軍途中，在靠近 Caucasus 山的 Paropamisum 山[52]扎營。馬其頓人以 16 天越過高加索山脈，在一隘道口，建亞歷山大城[53]。還在去該城約一天行程處興建了若干座城，土著 7,000 名、隨營人員 3,000 名，以及志願雇傭兵定居於此，亞歷山大則率部進軍巴克特里亞。(XVII, 83)

據 Curtius，自 Parapamisadae 部落的領地出發，亞歷山大向 Caucasus 山脈推進。軍隊在 17 天內越過了 Caucasus 山脈，在山麓建造亞歷山大城，安置退役戰士等。(VII, 3)

4. 據 Arrian，這時，柏薩斯率領追隨他的波斯人、巴克特里亞人（7,000）以及來自 Tanais 河北岸的大益人部隊，破壞 Caucasus 山北麓，企圖阻止亞歷山大軍隊的推進。而當他聽説亞歷山大已越過 Caucasus 山，遂將部隊越過 Oxus 河，燒毀船隻，朝索格底亞那的 Nautaka[54] 撤退，除斯皮塔米尼斯和 Oxyartes[55] 的部隊外，還有索格底亞那騎兵以及大益人部隊同往，但巴克特里亞騎兵見柏薩斯逃跑，分散各奔家鄉。(III, 28)[56]

據 Diodorus，此時亞歷山大獲悉柏薩斯已登基稱王，正在著手征召一支軍隊。他向神明奉獻犧牲，舉行盛大的宴會。席間，他與來賓 Bagodaras 發生口角，柏薩斯欲處死 Bagodaras。Bagodaras 連夜投向亞歷山大的陣營。(XVII, 83)

據 Curtius，柏薩斯召開軍事會議，宣佈他決定撤回索格底亞那人的領地，以 Oxus 河爲屏障抵禦馬其頓人。他希望得到鄰近部落的支援，並估計 Chorasmii[57]、大益、塞人、印度人和 Tanais 河對岸的斯基泰人[58] 都會前來支援他。與會的 Mede[59] 人 Cobares 不以爲然，力勸柏薩斯投降。柏薩斯怒不可遏，欲加害之。Cobares 不得不投奔亞歷山大。柏薩斯掌控著一支 8,000 人的巴克特里亞軍隊。這些巴克特里亞人本以爲馬其頓人不服水土不會前來。當他們發現亞歷山大正在靠近時，都溜回自己的村莊，拋棄了柏薩斯。柏薩斯只能帶著一群忠實的追隨者渡過 Oxus 河。他燒毀船隻，企圖阻止馬其頓人，同時開始在索格底亞那人中徵募新軍。(VII, 4)

今案：亞歷山大離開赫卡尼亞後，便進軍巴克特里亞。他自帕提亞，取道德蘭癸亞那、Gedrosia、阿拉霍西亞，其間翻越了高加索山（即興都庫什山）。

爲什麼亞歷山大不自帕提亞，取道阿瑞亞或馬爾吉亞那（Margiana），直奔巴克特里亞？顯然，無所畏懼的亞歷山大不可能因柏薩斯會迎頭攔截而捨棄捷徑。事實上，取迂迴路線同樣會遭到柏薩斯的竭力阻擋。因此，亞歷山大取迂迴路線合理的解釋似乎是：他意在征服柏薩斯所有潛在的盟軍，清除後顧之憂的同時，徹底孤立柏薩斯。更何況，亞歷山大想要征服的地區，不僅僅是中亞，還包括印度。他取途迂迴，可以爲下一步進軍印度探路。事實上，他在興都庫什山北麓建造的亞歷山大城確實爲日後進軍印度做了準備。

另外，Satibarzanes 降而復畔，也說明亞歷山大進軍中亞之前，征服赫卡尼亞的考慮是正確的。作爲入侵者，不受歡迎是大概率的。他自己立即掉頭鎮壓 Satibarzanes，接著又命將進剿，同樣是爲了掃除進軍巴克特里亞的後顧之憂。

一般認爲，亞歷山大在征服阿瑞亞、德蘭癸亞那、阿拉霍西亞等地後，均建亞歷山大城。[60]

D 渡過 Oxus 河 [61]

1. 據 Arrian，亞歷山大進駐 Drapsaca[62]，休整部隊後，便挺進巴克特里亞最大的城市 Aornos[63] 和巴克特拉，佔領之。(III, 29)

據 Curtius，亞歷山大越過高加索山脈後，克服了糧食短缺等困難，抵達巴克特里亞首府巴克特拉。巴克特拉位於 Parapanisus 山[64] 腳下，它得名於流經城牆的 Bactrus 河[65]。亞歷山大在巴克特拉時，獲悉 Tanais 河對岸的斯基泰人已決定助力柏薩斯。還獲悉馬其頓人在阿瑞亞的戰報：Satibarzanes 和馬其頓軍隊指揮官 Erigyius 決鬥敗亡，其部眾投降。亞歷山大率軍追擊柏薩斯時，途遇 Erigyius，後者獻上 Satibarzanes 首級。(VII, 4)

2. 據 Arrian，巴克特里亞其他地區相繼歸降。亞歷山大留軍駐守。接著，亞歷山大向 Oxus 河推進，河面開闊、水深。亞歷山大以蓋帳篷的獸皮製成皮筏，用 5 天時間將部隊渡過河去。(III, 29)

據 Curtius，亞歷山大將巴克特里亞託付給 Artabazus，自己貪夜率領輕裝部隊進入索格底亞那沙漠，克服了缺水的困難，抵達 Oxus 河。馬其頓人沒有船，因為沒有木材也無法架橋，只能依靠塞滿稻草的獸皮渡河，全軍在 5 天之內跨過了 Oxus 河。(VII, 5)

3. 據 Arrian，過 Oxus 河後，亞歷山大向柏薩斯所在地急行軍。這時，斯皮塔米尼斯和 Dataphernes 已逮捕柏薩斯[66]，亞歷山大命將軍 Ptolemy 盡速前往接收。(III, 29)

據 Curtius，得知亞歷山大渡過 Oxus 河後，柏薩斯的親信斯皮塔米尼斯等以為大流士復仇為藉口，設下圈套，將柏薩斯逮捕。當亞歷山大從 Branchidae 人[67] 居地到達 Tanais 河時，斯皮塔米尼斯將柏薩斯帶到他面前。(VII, 5)

4. 據 Arrian，斯皮塔米尼斯等丟下柏薩斯撤走，Ptolemy 抓住柏薩斯，遵照亞歷山大的命令把柏薩斯脫光，五花大綁，戴上木枷，押到亞歷山大即將率領部隊經過的道路右側。亞歷山大痛斥

柏薩斯，嚴刑拷打，押往巴克特里亞處決。另說是斯皮塔米尼斯等押解柏薩斯交給亞歷山大的。(III, 30)

據 Diodorus，柏薩斯手下將領被亞歷山大買通，抓住柏薩斯，押解至亞歷山大處。亞歷山大將柏薩斯交給大流士的兄弟和親戚，任憑懲處。柏薩斯終被凌遲處死。(XVII, 83)

據 Curtius，亞歷山大讚揚了斯皮塔米尼斯，屬責柏薩斯後，將柏薩斯交付大流士的兄弟 Oxathres[68] 看管；柏薩斯受盡酷刑，但爲了在他弑君的地點將他處死，並未執行死刑。在追趕柏薩斯途中，馬其頓人來到 Branchidae 人居地。其人乃奉薛西斯之命，自 Miletus 城[69] 移居此處。爲取悅薛西斯，他們侵犯了 Didymeon[70] 的神殿。Branchidae 人被認爲是 Milesians（Miletus 的居民）的叛徒。儘管他們歡迎亞歷山大，亞歷山大還是下令屠城。(VII, 5)[71]

5. 據 Arrian，亞歷山大的部隊在越過高加索山和往返 Oxus 河兩岸時，一路上累死了不少馬匹，後來又在附近一帶補足馬匹。於是，進軍索格底亞那王城 Marakanda[72]，復自 Marakanda 抵達 Tanais 河。此河又名 Jaxartes[73]。(III, 30)

據 Curtius，亞歷山大到達 Marakanda。在城內留下守軍後，亞歷山大掠奪並燒毀了鄰近的村莊。(VII, 6)

6. 據 Arrian，一些收集糧草的馬其頓軍人被土著所殺。這些土著躲進了深山，共有 30,000 人。亞歷山大親冒矢石揮兵攻打，土著存活者不足 8,000 人。亞歷山大本人在戰鬥中受箭傷。(III, 30)[74]

Plutarch 亦曾提及這次箭傷。(45)

據 Curtius，馬其頓人在外出覓食時遭遇野蠻人，亞歷山大率

軍圍攻，不慎中箭，被擡回營地。翌日，其人投降。(VII, 6)

今案：亞歷山大在巴克特里亞未嘗稍留，逕渡阿姆河，進入索格底亞那。毫無疑問，這是爲了追捕柏薩斯。柏薩斯已放棄巴克特里亞，逃往索格底亞那。亞歷山大必欲得之而心甘，於是渡阿姆河，跟蹤其直至索格底亞那。由於斯皮塔米尼斯的叛賣，得以生擒柏薩斯，亞歷山大如願以償。但是他很快就面對巴克特里亞人的抵抗。

E 征略索格底亞那[75]

1. 據 Arrian，在 Tanais 河畔，亞歷山大接見了阿比亞斯基泰（Abian Scythia）和歐洲斯基泰的代表。(IV, 1)[76]

據 Curtius，居魯士（Cyrus II）死後獲得自由的 Scythian Abii 派來代表，表示服從亞歷山大。亞歷山大禮貌地接待了代表，並派他的一個夥友去見歐洲斯基泰人，警告他們沒有國王的命令不要渡過 Tanais 河。(VII, 6)

2. 據 Arrian，亞歷山大計劃在河上建亞歷山大城，通知各地頭目到首府 Zariaspa[77] 參加聯席會議。這些人認爲赴會兇多吉少，教唆索格底亞那人和一些巴克特里亞人造反，殺死馬其頓駐軍。(IV, 1)

據 Curtius，在 Tanais 河岸上，亞歷山大選定了一個建城地點，但計劃被推遲，因索格底亞那人起來反抗，反抗還蔓延至巴克特里亞人中。反抗者最初只有 7,000 騎兵，後影響漸大，參與者日眾。亞歷山大試圖得到斯皮塔米尼斯等人的幫助，以減輕叛亂的勢頭，不知斯皮塔米尼斯等正是叛亂的領袖。他們利用謠言煽動巴克特里亞人叛亂。亞歷山大命將封鎖 Cyropolis[78]。他親自佔領另一城，下令處決全部男子，拆毀全城，以儆效尤。Cyropolis 城的 Memaceni[79] 部落反抗亞歷山大，亞歷山大下令圍攻。最後將該城摧毀、洗劫一空。於是其他城市再無有力抵抗。（VII, 6）

3. 據 Arrian，造反的部族躲進七個城市。亞歷山大率部用雲梯逐一攻打。首戰 Gaza 城[80]。亞歷山大親臨 Gaza，同時，命將圍困最大的城市 Cyropolis，使守敵精力集中於對付城外部隊，無餘力支援諸城。不久，Gaza 城破，亞歷山大下令屠城。接著又連克兩城，同時監視另外兩城，城內人在棄城逃跑時被圍殲。（IV, 2）[81]

4. 據 Arrian，兩天之內連克五城後，亞歷山大乃率部進攻最大的城市 Cyropolis。此城係居魯士所修，最為堅固。亞歷山大親自率眾自引河水入城的管道中鑽入城內，打開城門，接應攻城士兵，得以攻克。殺敵 8,000，投降者 15,000。第七城也被攻取，一說是投降的。城中人被全部殺死。但是，亞歷山大在攻城時受傷——被一塊石頭砸在腦袋和脖子上。（IV, 3）[82]

這次受傷，Plutarch 亦曾提及：稱被石頭擊中頸背，影響到他的視力，有一陣子視覺模糊。（45）

今案：亞歷山大征戰索格底亞那七城，其戰術是重點圍攻一城，攻克後再依次攻取其餘諸城。首次圍攻 Gaza 時，亞歷山大命將包圍當地最大的 Cyropolis 城，使 Gaza 得不到來自該處的支援。

就這樣連克五城後，再攻取 Cyropolis，最後拿下第七城。還應指出的是，亞歷山大征戰索格底亞那，每克一處，往往下令屠城，包括俘虜。這無疑是爲了摧殘當地有生力量，使其元氣短期內不得恢復，以便馬其頓人騰出手來征略他處。這也說明當時索格底亞那人對馬其頓人的抵抗是多麼激烈。

F　Tanais 河對峙[83]

1. 據 Arrian，亞洲斯基泰人的部隊曾開抵 Tanais 河[84]，打算伺機加入索格底亞那人的造反活動。而斯皮塔米尼斯率部包圍了留守 Marakanda 要塞的馬其頓守軍[85]，亞歷山大立即遣將支援。(IV, 3)

2. 據 Arrian，亞歷山大城[86]築成，費時 20 天。(IV, 4)[87]

據 Curtius，亞歷山大命將率 3,000 名步兵和 800 名騎兵抵達 Marakanda 城，自己則前往 Tanais 河，在營地周圍築墻，最後形成亞歷山大城，費時 17 天。(VII, 6)[88]

3. 據 Arrian，斯基泰人隔岸嘲笑馬其頓人，放箭挑釁。亞歷山大不顧卜兆不吉，下令製造皮筏，準備強渡。雙方先是隔河對峙，矢石交加。見對方陣腳已亂，亞歷山大下令強渡。全軍登岸集結後發動進攻，斯基泰人的主力不敵逃走。馬其頓人追擊之，因值炎夏，全軍苦渴，亞歷山大本人因喝水不潔病倒，追擊不得不停止，斯基泰人得以免遭全軍覆沒。(IV, 4)

據 Curtius，當時斯基泰王國延伸到 Tanais 之外，其王認爲馬其頓人在河岸上築城是套在他脖子上的枷鎖。於是，他派其兄弟 Carthasis 率領一支龐大的騎兵去摧毀這座城市，並將馬其頓軍隊驅離河畔。[89] 亞歷山大帶病動員，準備跨過 Tanais 河進攻斯基泰人。(VII, 7)

亞歷山大下令，用木筏運送騎兵和方陣，輕裝部隊則藉助獸皮遊過河去。在準備工作完成後，亞歷山大接見了斯基泰人的使者。使者指責亞歷山大的野心，表示自己捍衛自由的堅定意志，警告亞歷山大別妄想染指斯基泰人的土地。(VII, 8)

亞歷山大無視代表團的警告，按既定方案渡河。斯基泰人派出騎兵阻擋馬其頓人渡河，雙方激戰。馬其頓人成功登岸。[90] 亞歷山大帶傷督戰，一度力盡失去知覺。憤怒驅使馬其頓人繼續前進。他們殺死和俘虜許多斯基泰人，擊退 1,800 名騎兵，約在午夜回到營地。馬其頓人有 60 名騎兵、約 100 名步兵陣亡，1,000 人受傷。(VII, 9)

4. 據 Arrian，不久之後，斯基泰國王遣使求見，對上述事件表示遺憾。亞歷山大既無力追擊，只能乘機下了台階。(IV, 5)

據 Curtius，此役使馬其頓人威名遠揚，塞人遣使乞降。據說，亞歷山大對於戰敗的斯基泰人很仁慈——未索取贖金、釋放俘虜。(VII, 9)

今案：此處與馬其頓人對峙的所謂"斯基泰王國"應指 Strabo (XI, 8.2) 所載塞種四部。其人原居伊犁河、楚河流域，於公元前六世紀二十年代初，西向擴張直抵錫爾河北岸，逐走了原居該處的瑪薩革泰人。Curtius 稱其人為塞種的記載值得重視。[91] 至於

Curtius（VII, 4）並舉塞人和"居於 Tanais 河對岸的斯基泰人"，似乎塞人不在錫爾河北岸。但此話不妨這樣理解：錫爾河對岸並非塞人一種，故在其後列出其他斯基泰人以補足之。

亞歷山大與錫爾河北的斯基泰人發生衝突起因於其人計劃南渡、聯合索格底亞那人一起反抗馬其頓人，又試圖阻擾亞歷山大建城，但亞歷山大之所以不顧卜兆不吉、堅持渡河一戰，很可能是爲了捍衛在河南取得的戰果。當然，在他心目中，只有征服錫爾河北地區，才能夠稱得上征服整個亞洲。鑒於錫爾河被馬其頓人稱爲 Tanais 河（頓河），也可能在亞歷山大看來，渡過此河可打通和故土的聯絡。

亞歷山大強渡錫爾河和塞人激戰，並未取得決定性勝利。亞歷山大終於放棄進軍錫爾河北，因而不收贖金、釋放俘虜以示好，直接原因是其後方尚有斯皮塔米尼斯牽制，但根本原因在於他志在征服印度，心不在焉，無心戀戰。

G 追剿斯皮塔米尼斯[92]

1. 據 Arrian，被斯皮塔米尼斯圍困在 Marakanda 要塞中的馬其頓駐軍一度反擊，殺敵一部。而當聽說亞歷山大率部逼近，斯皮塔米尼斯立即撤圍，假裝向索格底亞那首府撤退，沿途吸收斯基泰騎兵入夥，以騎兵困住馬其頓方陣。馬其頓人撤退至 Polytimetus 河[93]谷。馬其頓人意欲跳河逃跑。斯皮塔米尼斯以亂

箭追殺。馬其頓人無一倖免。(IV, 5) [94]

據 Curtius，亞歷山大派去征討斯皮塔米尼斯的兵將中伏被困，主將陣亡，士兵犧牲很大。(VII, 7)

2. 據 Arrian，另説上述馬其頓人是遭到斯基泰人伏擊，但並非全殲，得以逃命者不到 40 名騎兵和 300 名左右步兵。亞歷山大十分痛惜這些犧牲的戰士，下令朝 Marakanda 疾進，三天内跨越了 1,500 斯臺地。斯皮塔米尼斯逃走。亞歷山大率部追擊，踏遍 Polytimetus 河流域，直至河的盡頭。(IV, 6) [95]

據 Curtius，亞歷山大和塞人議和後，回到 Marakanda。斯皮塔米尼斯聽説，就逃往巴克特拉。亞歷山大緊追不捨，到達馬其頓人遭伏擊的地點，亞歷山大爲陣亡將士舉行葬禮，作爲報復，下令在鄉村縱火，處決符合服役年齡者。(VII, 9)

3. 據 Arrian，亞歷山大從 Marakanda 到 Zariaspa 過冬。[96] 其間，亞歷山大會見來自各地的總督和將軍，處理了柏薩斯以下若干被捕敵酋。亞歷山大當眾譴責柏薩斯背叛大流士的罪過，下令割去其鼻、耳，押赴 Ecbatana 處決。(IV, 7) [97]

據 Curtius，亞歷山大勸降 30 名被囚索格底亞那貴族，留下 4 人作侍衛，餘者遣送回家。據 Curtius，亞歷山大率領 3,000 步兵離開索格底亞那的 Peucolaus[98]，到達巴克特拉。他下令將柏薩斯轉移至 Ecbatana 處死。(VII, 10) [99]

4. 據 Arrian，歐洲斯基泰人再次遣使晉謁亞歷山大，呈上禮品，表示願意服從他的領導。與此同時，Chorasimia[100] 國王 Pharasmanes 帶著 1,500 名騎兵也來了。Chorasimia 人住在 Colchi 人[101] 和 Amazon

女人國[102]的邊界上。該王表示如果亞歷山大打算討伐 Colchi 人和 Amazon 人，他願意當嚮導，並為遠征軍籌備一切供應。（IV, 15）

據 Diodorus，亞歷山大自馬地亞人的領地返回赫卡尼亞後，曾遇見 Amazon 女王 Thalestris，其治地在 Phasis 河和 Thermodon 河之間。女王主動獻身。（XVII, 77）

Plutarch 對 Amazon 女王和亞歷山大的韻事亦有類似記載，但表示懷疑。（46）

Curtius 也記述了 Amazon 女王 Thalestris 的故事，內容大同小異。（VI, 5）

5. 據 Arrian，亞歷山大回到 Oxus 河，據報索格底亞那人不服從亞歷山大所委任的總督，逃進自己的堡壘。於是扎營 Oxus 河畔，決定進軍索格底亞那。（IV, 15）

據 Curtius，在兵力得到補充後，亞歷山大在被叛軍擾亂的地區建立秩序，處決了叛軍頭目。3 天後回到 Oxus 河。此後，他渡過 Ochus 河[103]和 Oxus 河，來到馬爾吉亞那首府。（VII, 10）

6. 據 Arrian，除了留守巴克特里亞的部隊外，亞歷山大將部隊分作五個部分，親率一隊，向 Marakanda 前進，攻打躲進堡壘裏的人，接受來投降的人，沿途掃蕩索格底亞那大部分地區。（IV, 16）

據 Curtius，因 Clitus 事件[104]，亞歷山大在 Marakanda 耽擱了 10 天。嗣後，他命將率軍進入 Bactriana（Bactria），為大軍準備冬季給養。他自己則來到 Xenippa[105]，一個位於斯基泰邊界、人口稠密的村莊，巴克特里亞叛軍聚集於此，大約有 2,500 名騎兵。他們襲擊了馬其頓人，結果損失 700 人（其中 300 人被俘），只能逃跑。馬其頓人也略有損傷。最後，亞歷山大接受了他們的投降。（VIII, 2）[106]

7. 據 Arrian，到達 Marakanda 後，亞歷山大一面遣將進攻斯皮塔米尼斯所在斯基泰地區，一面親自進剿還被叛軍佔領的地區，不久使之降服。斯皮塔米尼斯帶著一些從索格底亞那逃出來的人躲進斯基泰一個叫瑪薩革泰的地區去了。他們在那裏搜羅了 600 名瑪薩革泰騎兵，然後突襲巴克特里亞一處堡壘。全殲駐軍，司令被俘。幾天後又圍困 Zariaspa，搶了不少財物裝車運走。Zariaspa 城守將、留守的 80 名雇傭騎兵以及國王的一些扈從，向 Massagetaean Scythia 人發動了一次攻擊，奪回被搶劫的財物。但回程遭到伏擊，損失了幾個夥友和 60 名雇傭騎兵，一將負傷後被斯基泰人俘虜。（IV, 16）

8. 又據 Arrian，當獲悉馬其頓大部隊逼近，斯皮塔米尼斯急忙逃往沙漠，而在沙漠邊緣被趕上。雙方激戰，馬其頓人獲勝。斯基泰人損失 150 名騎兵後，遁入沙漠。馬其頓人無法再追。這時，巴克特里亞總督 Artabazus 因年邁請辭，亞歷山大委任 Amyntas 為新總督。令將軍 Coenus 率軍在索格底亞那營地過冬，隨時準備伏擊來犯的斯皮塔米尼斯。斯皮塔米尼斯進攻巴克特里亞總督及其部隊，在位於索格底亞那和 Massagetaean Scythia 之間的一個索格底亞那要塞 Gabae[107]，誘使 3,000 名斯基泰騎兵入夥，一起發動襲擊。巴克特里亞總督率部迎敵。激戰之餘，斯基泰騎兵倒斃 800 餘名，而馬其頓方面僅損失騎兵 25 名和步兵 12 名。於是追隨斯皮塔米尼斯的索格底亞那人和大部分巴克特里亞人投降馬其頓。

瑪薩革泰人則乘機搶劫巴克特里亞人和索格底亞那人的運輸隊，隨斯皮塔米尼斯逃進沙漠。當亞歷山大率大軍朝沙漠進發時，他們割下斯皮塔米尼斯的頭，送給亞歷山大，以期亞歷山大停止進攻。(IV, 17)[108]

據 Curtius，亞歷山大得知斯皮塔米尼斯在大益人中，決定下一步向大益人進軍。斯皮塔米尼斯之妻勸其夫投降亞歷山大，斯皮塔米尼斯不從。其妻殺之，投奔亞歷山大。[109] 斯皮塔米尼斯被殺後，大益人囚禁其他叛軍將領，交給亞歷山大。(VIII, 3)

今案：據 Arrian（IV, 17），斯皮塔米尼斯"輕易地就誘使 3,000 斯基泰騎兵入了他們的夥，跟他們一起襲擊索格底亞那地區。當時這些斯基泰人極端貧困，既沒有城鎮，又沒有定居之處，所以他們對於家園毫無顧慮。因此，祇要有人勸，很容易就能把他們拉去打仗，不管打什麼仗都行。"這些窮困潦倒的斯基泰人應該就是被來自伊犁河、楚河流域的塞人逐出錫爾河北岸家園的瑪薩革泰人。儘管斯皮塔米尼斯擅於聲東擊西，是一個十分難纏的角色，但由於此前亞歷山大在索格底亞那的征戰，大傷了當地人的元氣，巴克特里亞大部分也已落入馬其頓人之手，斯皮塔米尼斯所能夠依賴者主要便是這些走投無路的瑪薩革泰人，一旦戰事不利，便命喪這些瑪薩革泰人之手。至於 Quintus Curtius 提到的大益，不妨理解爲同被塞人逐出錫爾河北岸的大益人之一支。

斯皮塔米尼斯之死表示亞歷山大征戰中亞的任務基本完成。

H 擊降索格底亞那岩寨[110]

1. 據 Arrian，亞歷山大在 Nautaca[111]，因嚴冬降臨，亞歷山大讓部隊休息。(IV, 18)

據 Curtius，亞歷山大進軍 Nautaca 時，其首領 Sisimithres 於當道築工事抵禦。亞歷山大摧毀了他們的工事，派人勸降。Sisimithres 投降，亞歷山大留下其二子，讓他統治舊日領地。(VIII, 2) 而當亞歷山大頂著暴風驟雨進軍 Gazaba[112] 時，風暴奪走 2,000 名馬其頓人的生命。Sisimithres 帶來許多馱畜，2,000 頭駱駝、羊和牛。亞歷山大接著進攻塞人，掠奪其土地，從戰利品中拿出 30,000 頭牲畜作為禮物送給 Sisimithres。(VIII, 4)[113]

2. 據 Arrian，春天一露頭，亞歷山大就率領部隊進軍索格底亞那岩寨（the Rock of Sogdiana）[114]，因有大批索格底亞那人躲入那座岩寨，其中包括反叛亞歷山大的 Oxyartes 及其妻女。該岩寨地勢險要，四面為懸崖峭壁，易守難攻，是造反的索格底亞那人最後的據點。他們已儲備大量糧草，加上山中水源充足，準備長期死守。由於積雪很深，馬其頓部隊很難接近。即使如此，亞歷山大還是決定攻打。他宣佈：誰能第一個衝上山頂就得 12 塔侖（talent）的頭獎，第二個得二等獎[115]，第三個得三等獎，最後一個衝到山頂上去的得末獎 300 達瑞克（daric）[116]。馬其頓人得到激勵，躍躍欲試。(IV, 18)

據 Curtius，亞歷山大遣使勸降未果，激勵士兵攀登頂峰。(VII, 11)

3. 據 Arrian，有 300 人自告奮勇，攀登懸崖，犧牲了 30 人，終於佔領頂部。岩寨中人以爲天降神兵，乃降。(IV, 19)

據 Curtius，索格底亞那岩山高 30 斯臺地，周長 150 斯臺地，四面險峻，僅一條極窄小徑可以進入。索格底亞那人 Arimazes 以 30,000 兵力守衛之，儲糧可支撐兩年。Arimazes 有恃無恐，聲稱除非馬其頓人能飛，否則無法攻克。馬其頓人攀登頂峰成功後，Arimazes 對自己的處境感到絕望，他和他的親戚以及部落中最重要的貴族一起來到馬其頓營地。亞歷山大下令將所有這些人在岩寨下鞭打並釘死在十字架上。(VII, 11) [117]

4. 據 Arrian，降者包括 Oxyartes 及其妻女。亞歷山大愛上其女羅克塞妮（Roxane），願娶爲妻。(IV, 19) [118]

5. 據 Arrian，Oxyartes 鼓起勇氣去見亞歷山大，亞歷山大待之以禮。(IV, 20)

據 Curtius，亞歷山大進入 Oxyartes 的領地。Oxyartes 歸順，亞歷山大恢復其地位，留下其二子。在 Oxyartes 舉辦的宴會上，亞歷山大被其女羅克塞妮吸引，表示願意娶她爲妻。(VIII, 4)

今案：所謂索格底亞那岩寨事情各書記載頗爲不同。Arrian 沒有提及鎮守岩寨的部酋名字，也沒有提到岩寨的名稱。據 Curtius，可知該部酋爲 Arimazes，而據 Strabo，可知岩寨名 Sisimithres（與 Curtius 所載 Nautaca 首領同名），但卻稱 Sisimithres 位於巴克特里亞，而非索格底亞那。索格底亞那另有一險峻的岩寨名 Ariamazes。待考。

要之，亞歷山大在索格底亞那等地大開殺戒，自知人心難服，聯姻羅克塞妮不妨視作他的補救之道。

I 進軍 Chorienes 岩寨和巴克特里亞

1. 據 Arrian，亞歷山大自索格底亞那進軍 Pareitacae[119] 地區，準備攻克 Chorienes 岩寨，其部酋 Chorienes 懾於馬其頓人軍威，乞降。亞歷山大命他繼續管理岩寨。（IV, 21）[120]

2. 據 Arrian，於是亞歷山大進軍巴克特里亞，並遣將打敗 Pareitacae 地區尚未歸降者。春末，亞歷山大命將率 3,500 騎兵和 10,000 步兵留守巴克特里亞，自己率部向印度進軍。（IV, 22）[121]

今案：從亞歷山大征服中亞的整個歷程不難看出：中亞人既不甘心爲阿喀美尼德帝國的殘餘勢力利用，也不甘心接受馬其頓人的統治。馬其頓人付出了沉重的代價，但最終未能征服 Tanais 河北，談不上竟全功。

■ 注釋

1　Geer 1984.

2　Perrin 1919.

3　Brunt 1983; Robson 1929-33.

4　Rolfe 1956; Yardley 2004.

5　Davies 1998.

6　Baynham 1995; Loube 1995; Roisman 2003; Heckel 2004; Hunt 2005.

7　Jones 1916.

8　Watson 1853. 參看 Green 2007。

9　Lycus 河，今土耳其和伊拉克境內之 Zab 河，爲底格里斯河主要支流。

10　聯軍行軍可能遠達今 Fahlian。在彼處 Parmenion 率軍沿赴今卡澤倫（Kazerun）的公路南下。他可能經由 Firuzabad，向南繞行了很長距離，之後取道平緩的坡地，抵達 Shiraz 和 Persepolis 平原。這是最容易的路線，他能夠從容行軍。一旦亞歷山大衝破了波斯防線，就可不受阻礙地調上輜重，沿著 Fahlian 河及它的東部支流 Tang-i Layleh，取直道前行。朝向這個流域的源頭，在一個被稱作 Mullah Susan 的開闊地區，道路分叉了：一條路線向東延伸，經過 Bolsoru 關，向上直達 Ardakan；另一個分支向上沿一個以 Tang-i Mohammad Reza 著稱的狹窄峽谷，延伸到一個 2167 米的分水嶺，之後到達 Aliabad 平原的入口。見 Bosworth 1988, p. 90。

11　帕瑞塔卡，可能是阿喀美尼德帝國的一個小督區，若按之 Strabo《地理志》(XV, 3.6) 的記載，該地可能位於 Araxes 河的源頭、Pasargadae（阿喀美尼德帝國最早的都城）之北、通往 Ecbatana 的道路上。見 Bosworth 1980, p. 334。

12　這一段行程約 200 公里。行軍分三個階段。從 Choarene 平原（今 Khar 地區）出發，亞歷山大沿 Dasht-i Kavir 沙漠北進入沙漠。在 Thara 綠洲（Lasj erd？），他進一步得到波斯陣營內訌的消息。在當地嚮導的幫助下，這個 6000 人的騎兵部隊通過一條直接的、無水的道路，穿過沙漠，並於拂曉後不久追上波斯的落伍士兵。發現馬其頓先遣軍隊到來的跡象之後，叛亂者處死了大流士。追擊在快到 Hecatompylus 城（即今 Shahr-i Qumis）時停止。見 Bosworth 1988, p. 96。

13　高加索山，指興都庫什山。

14　Oxus 河，今阿姆河。

15　Tanais 河，指今錫爾河。

16　Chorienes 岩寨，得名於山中部族酋長，其位置難以確指。

17　一般認爲，亞歷山大進軍赫卡尼亞，始於前 330 年 7 月。

18　Hecatomtapylus 即下文 Hecatompylos。今伊朗西呼羅珊 Qumis 地區，在裏海東南隅。

19　1 弗隆等於 201.168 米。

20　Stiboeities 河，今 Chesmeh-i-Ali 河，在 Hecatompylus 西北 15 英里。

21　Nabarzanes，原波斯將軍，柏薩斯劫持大流士三世的同夥。

22　塞種，遊牧部族聯盟，由 Asii 等部組成，與亞歷山大隔錫爾河對峙者主要就是這些西遷的塞人。值得注意的是，此處將瑪薩革泰與塞種並舉，可見不應如 Harmatta 1999，將兩者混爲一談。

23　據 IA（31），亞歷山大爲追捕柏薩斯進入赫卡尼亞，接受波斯貴族、總督們的歸順，以及希臘雇傭軍的投降。然後決定去 Xazacerta 城。Xazacerta，即 Arrian 所見 Zadracarta。

24　帕提亞，Arrian 作 Parthyaeans，即 Parthia。

25　Tapuri，即塔普瑞亞。

26　總督 Phradates 應即 Arrian 所見 Autophradates。以下同一人名拼綴不一致者，除非必要，不再出注。

27　IA（31）也記載了亞歷山大和馬地亞人之間的鬥爭，並未言及亞歷山大坐騎被劫事。

28　Susia，在今伊朗 Razavi Khorasan 省 Mashhad 附近，可能指 Meshed 東北的 Tus 城。見 Bosworth 1988, p. 99。亞歷山大抵達 Susia 在前 330 年 9 月。

29　圓椎形的波斯帽，除國王外，一般人戴時都把帽尖耷拉下來。——英譯者 E. I. Robson 的注（III, 25, p. 309）。

30　紫色帶白條的長袍。——英譯者 E. I. Robson 的注（III, 25, p. 309）。

31　阿太薛西斯，阿喀美尼德帝國君主，首位阿太薛西斯約前 466—前 425 年在位。

32　Artacoana 城，阿瑞亞之首府，位置不詳，可能在今阿富汗西北 Heart 附近。亞歷山大或其繼承人在該處建造了 Alexandria Ariana。

33　Zarangaea 人居地，其首府可能在 Farah 附近。見 Brunt 1983, p. 315。

34　Barsaentes，柏薩斯劫持大流士三世的同謀。

35　IA（32）所載與 Arrian 大同小異。

36　Chortacana，即 Artacoana。

37　Dranginê，應即 Drangina。

38　Arii，即 Areia 或 Aria。

39　Artacana，亦作 Artacona，Aria 首府。

40　德蘭癸亞那，地區名，首府在今 Farah。其地跨有今天的阿富汗、巴基斯坦和東伊朗。參看 Bosworth 1988, p. 100。

41　Philotas 事件，馬其頓軍隊高層一起謀反的事件（Arrian, III, 26-27）。

42　Ariaspiae 人居地，一説在今錫斯坦。見 Bosworth 1980, p. 365。

43　Arimaspia 人，應即 Arrian 所見 Ariaspiae。

44　Cedrosia，應即 Gedrosia。

45 Arimaspi，應即 Arrian 所見 Ariaspiae，亦見 Strabo（XI, 6.2）和 Metz（4）。

46 Aria，即 Arrian 所見 Areia。

47 一般認爲，亞歷山大翻越 Caucasus 山，時值前 329 年 5 月。

48 伽德羅西亞，在 Arachosia 和德蘭癸亞那之南，相當於今巴基斯坦西南部的俾路支省（Balochistan）。Gadrosia，亦作 Gedrosia。

49 Paropamisadae 人，無考。其名可能得自下文所見 Paropamisum 山，山係興都庫什山某峰，一般認爲在今阿富汗西北。其名亦見於 Strabo（XII, 8.1）。兩名可能均係 Paropamisadae 或 Parapamisadae 之訛。

50 Arachosii，即 Arachosia。

51 一般認爲，此 Alexandria 位於今貝格拉姆（Begram）。見 Bosworth 1988, p. 247。

52 Paropamisum 山，見注 49。

53 指高加索的亞歷山大城（Alexandria of the Caucasus）。

54 Nautaka，可能位於今烏茲別克斯坦的 Shahrisabz 附近。

55 Oxyartes，巴克特里亞貴族。

56 IA（33）所載與 Arrian 大同小異。

57 Chorasmii，即 Khwarezm。

58 Tanais 河對岸的斯基泰人，應指塞人。

59 Mede，即 Media。

60 阿瑞亞的亞歷山大城位於今阿富汗 Herat 附近；德蘭癸亞那的亞歷山大城位於今 Farah 附近；阿拉霍西亞的亞歷山大城，位於今坎大哈 Argandab 谷地，此城《帕提亞驛程志》（*Parthian Stations*）有載。

61 一般認爲，亞歷山大渡過 Oxus 河，時值前 329 年 5 月。

62 Drapsaca，一説可能位於今 Kunduz。見 Bosworth 1980, p. 372。Strabo (XV, 2.10) 作 Adrapsa。

63 Aornos，巴克特里亞的主要城堡，重要的戰略據點。可能位於今 Khulm 城。見 Bosworth 1980, p. 372。

64 Parapanisus 山，可能就是 Diodorus 書（XVII, 82）所見 Paropamisum 山。

65 Bactrus 河，其名得自巴克特里亞的 Baetis。

66 IA（34）所載與 Arrian 略同；Aornos 作 Aornus。Metz（5-6）所載斯皮塔米尼斯逮捕柏薩斯情節與諸書大同小異。

67 Branchidae 人，原居希臘聖地 Didyma，位於 Anatolia 西海岸 Miletus 城。

68 據 Metz（2），Oxyathres（Oxathres）歸順後爲亞歷山大保鏢。

69 Miletus 城，位於 Anatolia 西海岸。參看注 67。

70 Didymeon，即 Didyma。

71 類似記載亦見於 Strabo（XI, 11.4）：亞歷山大還摧毀了 Branchidae 人的城市。其人在自願追隨薛西斯離開家鄉後就被安置在那裏。他們曾把 Didyma 神殿的財寶交給了薛西斯。因厭惡他們對神殿的褻瀆和背叛，亞歷山大摧毀了他們的城市。

72 Marakanda，今烏茲別克斯坦的撒馬爾罕。

73 Jaxartes，漢譯"藥殺水"。

74 IA（35）所載與 Arrian 略同。

75 一般認爲，征略索格底亞那，始於前 329 年 7 月。

76 IA（36）所載與 Arrian 略同。

77 Zariaspa，即巴克特拉，今巴爾赫附近。

78 Cyropolis，今 Khujand 或 Jizak。

79 Memaceni，部落名，淵源不詳。

80 Gaza 城，今地不詳。

81 IA（36）所載大同小異。

82 IA（37）所載與 Arrian 大同小異，Cyropolis 作 Cyra。

83 一般認爲，亞歷山大抵達 Tanais 河，時值前 329 年 7 月。

84 Tanais 河形勢見 Strabo（XI, 2.2）。

85 Metz（9-10）載斯皮塔米尼斯復畔，圍攻 Marakanda。參看注 72。

86 此亞歷山大城史稱 Alexandria Eschate，位於錫爾河南岸，一般認爲在今塔吉克斯坦 Khujand 附近。參看 Prevas 2004, p. 121。

87 IA（38）所載與 Arrian 大同小異。

88 Justin（XII, 5.12）亦作 17 天。

89 Metz（8）所載與 Curtius 略同。

90 Metz（10-12）載馬其頓人渡 Tanais 河事。

91 參看 YuTsh 1992, pp. 1-23。

92 一般認爲，亞歷山大追剿斯皮塔米尼斯，大概在前 328 年秋冬之交。

93 Polytimetus 河，今澤拉夫善河。

94 IA（38）、Metz（9）亦有類似記載。

95 IA（39）所載與 Arrian 略同。

96 IA（39）所載與 Arrian 略同，Zariaspa 作 Zariaspi。

97 IA（39）所載與 Arrian 略同。

98 Peucolaus，具體位置不詳。

99 據 Metz（14），亞歷山大率軍穿越索格底亞那進入巴克特里亞。他把柏薩斯帶到巴克特里亞，以波斯方式處死。

100　Chorasimia，即 Khwarazm（花剌子模）。

101　Colchi 人，指格魯吉亞人。

102　Amazon 女人國，見載多種史籍，傳說色彩頗濃，真偽難辨、淵源不清。據希羅多德《歷史》(IV, 110-117)，亞馬遜人是 Sarmatians（Sauromatae）之祖。一般認爲，後者遊牧於亞速海和黑海以北的歐亞草原。

103　Ochus 河，今 Darya-i Pandj 河，流經塔吉克斯坦。案：亞歷山大從巴克特拉南向渡過 Ochus 河，再北上 Oxus 河，不見於其他記載。

104　Clitus 是亞歷山大愛將，因酒後失言，被亞歷山大誤殺。見 Arrian (IV, 8)。

105　Xenippa，在撒馬爾罕以西，今 Bokhara 附近。

106　IA（43）亦有關於斯皮塔米尼斯伏擊馬其頓人的記載。

107　Gabae，具體位置不詳。

108　關於斯皮塔米尼斯之死，IA（43）只是說斯皮塔米尼斯是被其部屬生擒後交給亞歷山大的，在被鞭打後處死。

109　Metz（20-23）也提到亞歷山大向大益進軍，還詳細描述了斯皮塔米尼斯被其妻謀殺的經過。

110　一般認爲，亞歷山大進攻索格底亞那岩寨，時值前 328 年底至前 327 年初。

111　Nautaca，可能位於今烏茲別克斯坦的 Shahrisabz 附近。

112　Gazaba，今地不詳。

113　Metz（19）亦載亞歷山大和 Sisimithres 聯盟事。（19）

114　Metz（15-18）載亞歷山大在索格底亞那岩寨事。

115　即 11 塔侖(talent)，第三名 10 塔侖，依此類推。祇有前 12 名得獎。——英譯者 E. I. Robson 的注 (IV, 18, p. 401)。

116 300達瑞克（daric）合1塔侖。——E. I. Robson的注（IV, 18, p. 401）。daric，波斯金幣名稱。

117 IA（44）所載與Arrian大同小異。據Strabo（XI, 11.4），Oxyartes及其妻女藏身的岩寨名爲Sisimithres，位於巴克特里亞，高15斯臺地（stade），周長80斯臺地，頂部平坦，物產富饒，足以維持500人的生計。另一處是索格底亞那的岩寨，在Oxus河旁，名爲Ariamazes。

118 羅克塞妮事亦見IA（44）、Metz（28-31），以及Strabo（XI, 11.4）。

119 Pareitacae，位置不詳。

120 IA（45）對這一段歷程有簡要敘述。Metz（28）則稱：亞歷山大進軍Gazabes（Gazaba），其間與總督Chorienes結盟，後者設宴款待了他。與IA不同，Metz關於亞歷山大進軍Gazabes（Gazaba）的記載中，Sisimithres的角色由Chorienes扮演。

121 亞歷山大進軍印度，一般認爲，時值前327年。

三　亞歷山大經略中亞的主要政治與軍事策略例證

　　進軍中亞是亞歷山大東征的重要構成部分，其影響深遠。以下主要依據阿里安《亞歷山大遠征記》（以下簡稱"阿里安"）例證其主要政治、軍事策略。

A

　　關於亞歷山大進軍中亞的過程中採取的政治策略，首先應該指出的是征服中亞是亞歷山大東征戰略大目標的一個有機組成部分，亞歷山大包括進軍中亞在內的所有軍事活動從未偏離這個大目標。正是這一目標直接導致了亞歷山大進軍中亞，這一目標也成了他進軍中亞奏功的最重要政治因素。

　　亞歷山大東征的戰略目標不僅僅是征服阿喀美尼德帝國，還要通過對阿喀美尼德帝國的征服，使他自己成為"亞細亞之王"。[1]

　　亞歷山大很清楚，要征服波斯這樣一個大國，僅僅依靠軍事手段是遠遠不夠的。他不僅要擊潰大流士三世的大軍，更重要的是爭取波斯的民心。而要使自己成爲亞洲之主，更要爭取亞洲的民心。亞歷山大正是這麼做的。

在高加梅拉戰役大獲全勝之後，他緊接著便全力以赴追殺柏薩斯、平息 Satibarzanes 的叛亂、處死 Barsaentes。這不僅是爲了繼續消滅阿喀美尼德帝國的有生力量，更重要的就是爭取波斯的民心，而進軍中亞的序幕也隨之揭開。

柏薩斯、Satibarzanes 和 Barsaentes 三者，都是阿喀美尼德帝國大流士三世的叛臣。亞歷山大對他們的剿滅，不僅是因爲他們和馬其頓人爲敵，更重要的是爲了懲罰他們的弒君罪，使其東征在波斯人心目中名正言順。

柏薩斯原係阿喀美尼德帝國的巴克特里亞總督，曾率領索格底亞那人、巴克特里亞人和一些巴克特里亞邊境上的印度部族參與大流士三世和亞歷山大的高加梅拉會戰。當大流士三世敗北時，一起逃跑的柏薩斯便和騎兵司令 Nabarzanes、阿拉霍西亞和德蘭癸亞那總督 Barsaentes 等人劫持了大流士三世。柏薩斯等劫持大流士三世的目的是爲了取而代之，他"頂替大流士掌握了大權，巴克特里亞騎兵和跟隨大流士逃跑的那些波斯部隊都尊他爲領袖"（III, 21）[2]。柏薩斯似乎不乏擁護者：他手下有"跟他一起到達巴克特里亞的波斯部隊和一大批巴克特里亞當地部隊。他還期待斯基泰盟軍跟他會合"（III, 25）。

另外，柏薩斯以及和他一起劫持大流士三世的部隊也確實給亞歷山大進軍中亞製造了不少障礙：他"帶著原先跟他一起劫持大流士的波斯部隊，大約七千巴克特里亞部隊和從 Tanais 河這邊來的大益人組成的部隊，把高加索山（今興都庫什山）下這一帶地方大肆破壞，企圖把他自己和亞歷山大之間的這片地方搞成荒地和廢墟。這樣，由於無東西吃，亞歷山大可能就不來"（III, 28）。無論如何，亞歷山大追剿柏薩斯是勢在必行。

據阿里安記載：柏薩斯等人決定，"假如亞歷山大繼續追趕，就把大流士交給他，以便在談判中為他們自己爭得較好的條件；如果他們獲悉亞歷山大已經後撤，則儘可能集結一支強大的軍隊，聯合起來，以保衛他們的帝國"。於是，"柏薩斯和他的隨從帶著關在篷車裏的大流士逃了一段路。但當亞歷山大眼看就要追上他們的時候，Nabarzanes 和 Barsaentes 就把大流士刺傷，丟下不管。他們自己帶著六百騎兵逃脫。大流士不久因傷重而死"（III, 21）。這樣一來，柏薩斯及其同夥的叛逆罪就無從洗刷了，亞歷山大追殺柏薩斯就有了更充分的理由——懲罰弒君者、為大流士三世復仇。不僅如此，據阿里安（III, 25）：

> 柏薩斯的帽子按國王的戴法戴著，還穿上波斯皇家錦袍，自稱阿太薛西斯（Artaxerxes），不再叫柏薩斯了。他還自稱亞洲之王。[3]

柏薩斯這一舉動表明他的目標不僅是率領阿咯美尼德帝國在中亞地區的總督和亞歷山大對抗，而且是率領波斯之外其他亞洲地區的力量和馬其頓人抗衡。如前所述，他曾期待"斯基泰盟軍"和他會合,而所謂"斯基泰盟軍"應該就是參加高加梅拉會戰的來自錫爾河北岸的塞種騎兵,而塞種只是阿喀美尼德帝國的盟國,不受波斯管轄,甚至不是屬國。(詳下文)這正和亞歷山大的戰略大目標迎頭相撞,使他成了亞歷山大在實現宏圖大業道路上必須除去的障礙,也成了亞歷山大爭取波斯乃至整個亞洲民心的工具。

而當柏薩斯被捕後,亞歷山大理所當然將其處以極刑:

> 亞歷山大命令把柏薩斯脫光身子,五花大綁,戴上木枷,押到亞歷山大即將率領部隊經過的道路右側。……亞歷山大看見了柏薩斯,就命令車停下,問他當時為什麼把大流士抓起來。既然大流士是他的王上,又是他的親戚,而且還是他的恩人,又為什麼還給他戴上鐐銬到處奔波,最後還把他殺死呢?柏薩斯回答說,這件事不是他一個人出的主意,而是和當時大流士所有的隨從們一起商量共同決定的,目的是向亞歷山大討好,留下他們的性命。亞歷山大聽了這話,就叫人用鞭子抽他,一面抽,一面叫傳令官用剛纔他審問柏薩斯時的那些責備大聲痛斥。柏薩斯受刑後押到巴克特里亞去處決。(III, 30)

在另一處,阿里安還有這樣的記載:亞歷山大"召集跟他在一起的將領們開會,把柏薩斯押到大家面前,譴責他背叛大流士三世,下令把他的鼻子和耳垂割下來,然後再押到埃克巴塔那,當著那裏全體米底人和波斯人把他處決"(IV, 7)[4]。至少在表面上,亞歷山大是站在波斯人的立場上處死柏薩斯的,而且動用了酷刑,好像不如此不足以平波斯之民憤。

Satibarzanes 是阿瑞亞總督，和柏薩斯一樣參加了高加梅拉會戰。(III, 8) 戰後，和柏薩斯一起劫持了大流士三世。(III, 21) 此人一度投奔亞歷山大，"亞歷山大批準他繼續當總督，並派夥友 Anaxippus 帶領四十來名馬上標槍手配屬給他，在各地站崗，以便後續部隊過路時，阿瑞亞人不致受侵犯"(III, 25)。但 Satibarzanes 此舉只是詐降，很快就起兵反叛。"把 Anaxippus 和他部下那些馬上標槍手都殺了，把阿瑞亞人武裝起來，帶著他們進入阿瑞亞王宮所在地 Artacoana 城。他聽說亞歷山大又向前推進，就決定帶著部隊去找柏薩斯，和他一起伺機攻打馬其頓部隊。"(III, 25) 正打算進軍巴克特里亞的亞歷山大，只能"立即率領夥友騎兵、馬上標槍手、弓箭手、阿格瑞安（Agrians）部隊以及阿明塔斯（Amyntas）和科那斯（Coenus）兩個旅，火速追趕 Satibarzanes 和他所率阿瑞亞部隊"，迫使他倉皇逃走；(III, 25) Satibarzanes 復"從柏薩斯處得到二千騎兵侵入阿瑞亞地區，又帶著當地人起來造反"，終被亞歷山大遣將擊殺。(III, 28) [5]

Barsaentes 是阿拉霍西亞和德蘭癸亞那總督。和柏薩斯、Satibarzanes 一樣，他也參加了高加梅拉會戰。(III, 8) 戰後，和柏薩斯一起劫持了大流士，刺傷大流士也有他的份。(III, 21) 因此，他犯下了和柏薩斯、Satibarzanes 一樣的罪。當亞歷山大率領全軍向 Zarangaeans[6] 地區挺進時，佔據著那個地區的正是 Barsaentes。他"知道亞歷山大快到，就逃到印度河這邊的印度人地區。但印度人把他抓住後送交亞歷山大，亞歷山大因為他參與謀殺大流士而把他處決"（III, 25），也沒有逃脫亞歷山大的懲罰。

通過剿滅柏薩斯、Satibarzanes 和 Barsaentes 三者，亞歷山大既進一步掃除了阿喀美尼德帝國的有生力量，又向波斯民眾表明他有意成爲大流士三世的繼承人，統治包括波斯在內的整個亞洲。

B

亞歷山大爲進一步爭取波斯特別是中亞地區的民心，深知不能僅僅停留在剿殺大流士三世的叛徒，他在東征中亞過程中還注意委任波斯人和中亞人擔任要職。

例如：當 Satibarzanes 逃跑後，他"隨即派波斯人 Arsames 爲阿瑞亞總督"（III, 25）。再如，他重用波斯降將 Artabazus 及其子（Cophen、Ariobarzanes 和 Arsames）。Artabazus 父子沒有參與劫持大流士，也沒有承認柏薩斯的權威，當亞歷山大進軍赫卡尼亞時，便一起投誠。（III, 23）亞歷山大"把 Artabazus 和他的三個兒子留在身邊，給他們榮譽地位，特別是因爲他們原來是波斯人當中權位最高的人物，也因爲他們忠於大流士"（III, 23）。當 Satibarzanes 叛變時，亞歷山大就命他率兵討伐。（III, 28）他們得到重用的重要原因竟然是"忠於大流士"。又如："巴克特里亞其他地區相繼歸順，亞歷山大派波斯人 Artabazus 爲總督。"（III, 29）後來，Artabazus"因年老提出辭職"（IV, 17）亞歷山大沒有忘了他，還在蘇薩爲他的兩個女兒指婚。（VII, 4）

Sisicottus 是另一個例子。"這個人是不久前由柏薩斯處開小差到巴克特里亞的。亞歷山大佔領巴克特里亞後,他就在他手下服務。事實證明他很可靠。"(IV, 30) 後被亞歷山大任命爲"Assacenians[7]總督"(V, 20),諸如此類。

亞歷山大這麼做都是爲了表明他是波斯君主的真正繼承者——因而才得到了其前任麾下官員和將領的輔助和支持。(III, 25)[8] 客觀上,波斯和中亞人爲亞歷山大效勞大大減少了亞歷山大實現其政治目標的阻力。

C

亞歷山大籠絡波斯人和中亞人的手段當然並非僅此一端,更重要的是聯姻。最典型的例子便是他自己和 Oxyartes 之女羅克塞妮的婚姻。

Oxyartes 是巴克特里亞人,曾和斯皮塔米尼斯一起追隨柏薩斯,當亞歷山大進軍索格底亞那時,他將自己的妻女安頓在索格底亞那一處最險要的山寨,以爲該處馬其頓人無法攻佔。(IV, 18) 但是,這個山寨還是被亞歷山大攻克了,Oxyartes 的妻女均成了俘虜:

在他這幾個女兒中,有一個叫羅克塞妮的,已到結婚年齡。亞歷山大的部下說,除了大流士的妻子之外,她就是全亞洲最可愛的美人。亞歷山大一看見她就愛上了。雖說她是個俘

虜，但他既然已深深地愛上了她，就對她不施暴虐，而是甘願屈身娶她爲妻。(IV, 19)

而"當 Oxyartes 知道他的女兒都當了俘虜，而且亞歷山大已看上了他女兒羅克塞妮，於是他就鼓起勇氣去見亞歷山大。亞歷山大給他很大的體面"(IV, 20)。顯然，我們不能將此舉僅僅歸結爲亞歷山大惑於羅克塞妮之美貌，而必須視作亞歷山大一項深謀遠慮的策略。

亞歷山大進攻帕瑞塔卡境內的 Chorienes 山時，因山勢險惡，難攻易守，遣 Oxyartes 前往勸降。Oxyartes 不辱使命，減少了馬其頓人的損失。(IV, 21)不難想見，Oxyartes 談判成功，說明亞歷山大和這位巴克特里亞人聯姻已經起到了很好的示範作用。"這項婚姻對於當時他所追求的目標似乎很有裨益。因爲那些被征服的人民看見亞歷山大從他們中間選擇配偶，都很高興。"[9]

不用説，亞歷山大以身作則，其麾下馬其頓將士和波斯人、中亞人結合的人數應該不在少數。一個突出的例子是，班師之後，在蘇薩舉行的集體婚禮上，亞歷山大親自爲其夥友塞琉古(Seleucus)指婚，新娘竟是"巴克特里亞人斯皮塔米尼斯的女兒"(VII, 4)。其父斯皮塔米尼斯一登場便追隨柏薩斯退往索格底亞那。(III, 28)此人雖一度向亞歷山大輸誠，表示願意逮捕柏薩斯，但又三心二意。(III, 29-30)此後，此人一直在索格底亞那和馬其頓部隊周旋，一度成了亞歷山大經略中亞的最大障礙，這似乎表明此人頗得巴克特里亞和索格底亞那民眾的擁護。(IV, 3-17)因此，不能不認爲亞歷山大爲其女指婚有籠絡、安撫巴克特里亞和索格底亞那人的用意。

除塞琉古外，在這次婚禮上"給其他夥友的也都是波斯和米底最顯貴的人物的女兒，加在一起一共有八十個"。還應該指出的是，這場"婚禮是波斯式的"。（VII, 4）

既然在蘇薩舉行的婚禮是波斯式的，我們就有理由推測亞歷山大和羅克塞妮的婚禮也可能是波斯式甚至是巴克特里亞式的。亞歷山大在進軍中亞的過程中"不穿馬其頓的傳統服裝而改穿米底服裝。尤其是，他把長期以來一直戴著作爲勝利者標誌的馬其頓帽，換成被征服了的波斯人的頭巾"（IV, 7）。也堪佐證。[10]

另據普羅塔克《亞歷山大傳》，"他使自己更加適應亞洲當地人民的生活方式，同時也促使他們儘量迎合馬其頓人的習俗，他以爲這種混淆融合會產生一種親善關係，使他在出征期間免去後顧之憂，這種做法當然要比使用暴力和強制手段爲佳。爲了達到這個目的，他還選拔了三萬名本地的男孩，教授他們希臘語文，並且訓練他們使用馬其頓武器"[11]。毫無疑問，使馬其頓人和波斯乃至中亞人在血統和習俗上融合是完全符合亞歷山大實現其戰略目標的需要的。

D

阿里安將斯基泰大別爲"亞洲斯基泰"和"歐洲斯基泰"兩類。

前者又再分爲阿比亞斯基泰、瑪薩革泰和塞種三種。

據載，"歐洲斯基泰"曾一再遣使亞歷山大修好，"他們國王爲了加強兩國的友誼和同盟，還希望把他的女兒嫁給亞歷山大。如果亞歷山大不想娶斯基泰的公主，他就希望把斯基泰各地區的總督和其他顯要人物的女兒嫁給亞歷山大最信任的追隨者。還說如果亞歷山大要召見他，他願意前來謁見，親自聆聽亞歷山大的指示"等等。(IV, 15) 值得注意的是，亞歷山大謝絕了他們關於聯姻的請求，這自然是由於當時亞歷山大的目標是征服亞洲，但也可以反證上述亞歷山大自己和羅克塞妮成婚以及鼓勵馬其頓人和波斯乃至中亞人成婚的政治意圖。

亞歷山大的目標是征服亞洲，自然不希望後院不穩，因此他對歐洲"斯基泰的代表客客氣氣地做了適合當時情況的回答"(IV, 15)。亞歷山大回到巴比倫後，歐洲斯基泰人遣使慶賀他當了亞洲之王。(VII, 15)

同樣，亞歷山大對於所謂"阿比亞斯基泰"，也採取了類似針對"歐洲斯基泰"的方針：

> 所謂的阿比亞斯基泰人派代表來見亞歷山大。荷馬在他的史詩中對這個民族倍加推崇，稱他們是"最公正的人"。他們定居亞洲，是個自主的民族，主要因爲他們生活艱苦，堅持公道。歐洲斯基泰人也派代表來，他們是歐洲最大的民族。亞歷山大派了幾個夥友跟他們回去，對他們說明："這幾個人將作爲他的代表跟他們簽署友好協定。但實際上他派這幾個人去的

目的是爲了偵察斯基泰境內的情況，瞭解他們的人數、風俗習慣、以及外出打仗時使用的武器等等。"(IV, 1)

稍有不同的是，他還是對"阿比亞斯基泰"留了心，蓋其人畢竟生活在亞洲。

在進軍中亞過程中，亞歷山大認真對付的是亞洲斯基泰中的瑪薩革泰人和塞人。在阿里安筆下：亞歷山大遭遇的塞人居地無疑在錫爾河以北，而瑪薩革泰人多在錫爾河以南、索格底亞那地區。

塞種曾是大流士三世的盟國，因此也參加了針對馬其頓人的高加梅拉會戰：

> 大流士的部隊之所以這樣龐大，是因爲有大批援軍。有巴克特里亞邊境上的一些印度部族，加上索格底亞那人和巴克特里亞人。以上這些部隊都由巴克特里亞總督柏薩斯指揮。和這些人一起前來支援的，還有居住在亞洲斯基泰人當中的一個叫塞種的部族。他們所以來支援，並不是因爲他們附屬於柏薩斯，而是因爲他們和大流士結了盟。這批部隊是馬上弓箭手，指揮官叫 Mauaces。(III, 8)

這支塞種騎兵被部署"在左翼之前，即面對亞歷山大右翼的地方"(III, 11)。在高加梅拉戰役中，這些塞種騎兵讓馬其頓人吃了不少苦頭。(III, 13)

塞人和大流士三世的結盟關係並未隨著後者在高加梅拉大敗而結束，儘管他們再也沒有給大流士三世提供實質性的幫助。(III, 19) 而當柏薩斯和亞歷山大對抗時，曾指望得到塞人的支持。(III, 25) 在亞歷山大進軍中亞的過程中，塞人無疑是站在了馬其頓人對立面的：

> 這時，亞洲斯基泰人派了一支部隊開抵 Tanais 河畔。因爲他們大多數都聽說河對岸的一些土著部族造了亞歷山大的反。他們打算，一旦事情鬧大，成爲重大的起義，他們就參加進去，一起攻打馬其頓人。(IV, 3)

這支開抵 Tanais 河畔的"亞洲斯基泰"部隊衹能是塞種騎兵。亞歷山大打算在 Tanais 河上築城，主要也是爲了對付這些塞種騎兵。"當他看到斯基泰部隊還不離開河岸，而且不斷向河裏射箭（這一段河道不寬），還大聲冷嘲熱諷，污辱亞歷山大"時，亞歷山大便強渡 Tanais 河攻打他們，塞人在上千人陣亡後敗退。亞歷山大揮兵追擊，"因爲天氣異常炎熱，全軍極度乾渴。亞歷山大本人也是一面飛馬奔馳，一面遇水就喝。那水實在太髒。突然他大瀉不止"(IV, 4)。因爲亞歷山大病倒，塞人避免了被剿滅的命運：

> 不久之後，斯基泰國王派代表來見亞歷山大，對已發生的事情表示遺憾。他們說，這件事並不是斯基泰國家的整體行

動，祇不過是一些打家劫舍的強盜們幹的。儘管如此，國王本人還是願意承擔責任，亞歷山大要他怎麼辦他就怎麼辦。亞歷山大對他們客客氣氣地做了回答。這是因為，如果對他們國王表示不信任，那他就必須繼續追擊；如不追擊，就顯得很不光彩；而且目前也不是追擊的最好時機，祇好這樣下了臺階。(IV, 5)

爭取與國，對敵國也懂得做必要的妥協。這也是亞歷山大進軍中亞成功的重要原因。亞歷山大這樣做，都是為了更有利於其目標的實現。

不用說，亞歷山大也不是一味寬容，他懂得殺一儆百的作用：他本人的權威是不容侵犯的。例如：馬其頓軍隊攻克索格底亞那 Gaza 城後，"按照亞歷山大的命令，把敵人斬盡殺絕。把婦女、小孩子和全部繳獲都帶走"(IV, 2)。鎮壓和安撫這兩手亞歷山大同樣得手應心。

E

政治的目標和策略需要通過正確的軍事行動來實現。為進軍中亞，亞歷山大做了周密的準備。

1. 平叛：如前所述，亞歷山大平定了 Satibarzanes 叛亂，為進軍中亞掃除了障礙。

2. 清除內部的離心勢力：主要是處理了 Parmenio 和 Philotas 父子。(III, 26-27) Parmenio 曾效力於亞歷山大之父腓力（Philip），在政界和軍隊有巨大的影響力，對於亞歷山大掌控全局是一種威脅。不用說，除去 Parmenio 父子不僅僅是爲了進軍中亞，但這股離心勢力的剷除——馬其頓人的實力並沒有因此被削弱，客觀上有利於進軍中亞。[12]

3. 建立鞏固的後方，以保證前方戰事的順利進行。在平定 Satibarzanes 叛亂後，亞歷山大進軍巴克特利亞，攻打柏薩斯。但馬其頓人其實並未直接東進，而是掉頭南向，"降服了德蘭癸亞那人、伽德羅西亞人和阿拉霍西亞人。派 Menon 當他們的督辦。他還到達距阿拉霍西亞最近的印度人地區"（III, 28）。這不僅是因爲這些地區也是亞洲的一部分，屬於亞歷山大計畫征服之列，征服這些地區也是爲了消除進攻巴克特里亞的後顧之憂。

4. 亞歷山大在東征過程中在各地屢築新城，進軍中亞時也不例外。最有名的有所謂"高加索亞歷山大城"（Alexandria ad Caucasum，今貝格拉姆）：

> 這時，亞歷山大已率部到達高加索山。在那裏築起一座城，親自命名爲亞歷山大城（Alexandria）。(III, 28)

和所謂"遠東亞歷山大城"（Alexandria Eschate，今 Khujand）：

> 他心目中還打算在 Tanais 河上建一座城，仍用自己的名字

命名。他認為在這地方建城極其適當,將來會有很大發展。他還考慮把這座城建在非常合適的地點,必要時可討伐斯基泰,而且要使它成為這一帶地方的周邊據點,防範河對岸那些部族的襲擊。(IV, 1)

其他如在薩提巴扎尼斯叛亂之後所建阿瑞亞的亞歷山大里亞(今Herat)[13],沿赫爾曼德流域而上時所建阿拉霍西亞的亞歷山大里亞(今Kandahar)[14],德蘭癸亞那的亞歷山大里亞・普洛夫塔西亞(Alexandria Prophthasia,今Farah),以及Opiana的Alexandria(Alexandropolis,今Ghazni)[15]。這些新城實際上都是由馬其頓軍隊駐守的要塞。這些要塞控制著部隊的後方,使部隊進軍無後顧之憂。[16]

公元前328年,亞歷山大在阿姆河北建立了六座城市,地勢很高,且間隔一定的距離。不久之後,亞歷山大將圍攻阿瑞亞時生擒活捉的戰俘移居此地,以作為農奴耕種土地。(IV, 16)[17]這是亞歷山大新城的另類作用。[18]

由此可見,築城的目的雖不止一端,但就進軍中亞而言,主要起到了鞏固後方的作用,當然還可以囤積糧草輜重,而且"馬其頓部隊裏一切不適於服現役的人,都可在城內定居"(IV, 4)。安頓老弱傷殘,同樣有利於安定人心、增強戰鬥力。

在這樣一片動蕩的土地上,一個個亞歷山大新城就好像在波濤洶湧的大海上的燈塔和港灣,不僅對最終平定中亞起的作用是不可估量的,而且在戰事結束後也為馬其頓人和中亞人的和諧相處發揮了不可替代的作用。

F

歷史上,亞歷山大以用兵如神著稱,其克敵制勝的秘訣不外四個字:兵貴神速。這方面在進軍中亞過程中也有出色的表現。[19]

亞歷山大進軍中亞始於急行軍追擊逃跑的大流士三世。大流士三世被劫持後,亞歷山大又開始急行軍追擊波斯叛臣柏薩斯。據阿里安,當得知大流士三世被劫持的消息後:

> 亞歷山大祇帶著夥友部隊、騎兵偵察隊、步兵中精選出來的裝備最輕戰鬥力最強的一支部隊,還沒等科那斯那批人收集糧秣歸來,立即以從未有過的速度衝向前去。指定Craterus率領其餘部隊跟上,但叫他們不必採取急行軍速度。亞歷山大所率部隊除武器和兩天的口糧之外什麼都未帶。通宵達旦地趕路,一直到了第二天中午,他纔叫部隊休息了很短時間,隨後又急速前進,日夜兼程,天亮時到達那個Bagistanes(巴比倫皇族)出發的營地,但沒追上敵人。(III, 21)

在獲悉柏薩斯的確切消息後,亞歷山大繼續強行軍:

> 他的士兵和馬匹連日不停地奔馳,已經筋疲力竭。儘管如

此，亞歷山大還是不顧一切地向前衝，衝了一整夜，白天還接著衝，直到第二天中午，已走了很長一段路，到達一個村莊，就是劫持大流士的人一天以前宿夜的地方。亞歷山大聽村裏人說波斯人決定夜間繼續逃跑。他向他們打聽是否有近道可以追上逃跑的人。他們說有，但那條路上荒無人煙，又無水。亞歷山大不管這些，還是請他們帶路，就順這條路追趕。他知道全速前進時步兵跟不上，於是就命令五百來名騎兵下馬，從步兵軍官和其他體力還很強的人中挑選一部分人攜帶自己原來的步兵武器上馬跟他前進。命令近衛隊司令尼卡諾（Nicanor）和阿格瑞安部隊司令 Attalus 率領落在後面的部隊沿著柏薩斯及其隨行人員逃走的那條大路儘量輕裝跟進，其他步兵則以平日行軍隊形前進。黃昏時，亞歷山大即率部出發，全速追擊。一夜之間疾馳四百斯臺地左右，剛好在破曉時趕上波斯部隊。(III, 21)

這類例證還可以舉出一些。如當亞歷山大獲悉 Satibarzanes 叛變的消息後，僅"用了兩天就走了六百斯臺地，到達 Artacoana"(III, 25)。而當瞭解到斯皮塔米尼斯重創馬其頓人，包圍了守衛要塞的部隊時，"亞歷山大祇用了三天就跨越了一千五百斯臺地"(IV, 6)。迅速的行動往往使敵人猝不及防。

強行軍必然輕裝，亞歷山大也不可能例外。例如，從 Susia 出發，亞歷山大打算沿 Kopet Dag 山的小山丘東進，從西面進入巴克特里亞。[20] 據 Curtius 記載：

> 他們駕著輜重車輛進入一個遼闊的平原。正當大家等待國王下一個命令時,他吩咐將牲口帶走,首先用一枝火把點燃了自己的行李,其他一切都被焚燒了。(VI, 6) [21]

輕裝和強行軍相輔相成,是亞歷山大戰無不勝神話的精髓。

G

在具體戰役中,亞歷山大深諳因地制宜之道。以下以馬其頓人在索格底亞那的征戰例證之:索格底亞那有七座城堡需要攻克。亞歷山大下令圍攻最大的城 Cyropolis。馬其頓將領"克拉特拉斯奉命在城外紮營,在城牆四周挖一道溝,修一條柵欄,再安裝足夠攻城用的擂石器。這樣,守城的敵人就會集中精力忙於對付克拉特拉斯及其部隊的進攻,因而沒餘力去支援其他各城"(IV, 2)。亞歷山大自己則率兵在兩天之內連克五城。於是,他回過頭來進攻 Cyropolis:

> 然後,亞歷山大就率部向最大的城市 Cyropolis 進軍。這座城最初是居魯士(Cyrus)修的,城牆比別處的都高。躲在這座城裏的部落兵人數最多,而且都是這一帶各部族中最粗壯剽悍的大漢,所以馬其頓部隊不易一舉攻佔。儘管如此,亞歷山大還是把擂石器調上來,打算轟擊城牆的這一邊。等到轟開

缺口,就從缺口衝進去。

　　但亞歷山大忽然親眼發現引河水入城的管道。因爲當時正值冬天枯水季節,渠裏的水很淺。入城處,水面並未挨著上面的城牆,而是有相當寬的空隙,足以容得下士兵從管道鑽入城內。於是他就帶著近衛隊、持盾牌的衛兵、弓箭手和阿格瑞安部隊,趁守敵正忙於對付攻城部隊和擂石器之際,親自帶頭從管道鑽進城裏去。起初祇帶了幾個人進去。進去之後,立即從裏邊把城牆那一面的幾個門都打開,很容易地把其餘部隊接應進去。(IV, 3)

這可以說是一則典型的因地制宜獲勝的戰例。關鍵在於利用了中亞城市特有的構造。

　　無獨有偶,中國史籍有一則類似的戰例,可以參照:《史記·大宛列傳》載:貳師將軍李廣利伐宛,"宛王城中無井,皆汲城外流水,於是乃遣水工徙其城下水空以空其城。……[貳師]乃先至宛,決其水源,移之,則宛固已憂困"[22]。"皆汲城外流水"者,未必居民直接至城外汲水,極可能是從引入城外流水的溝渠中汲水,所決移之水源,應是溝渠之水源。類似的形勢在中亞當不止一處——李廣利所攻打之"宛王城"不是 Cyropolis 城,但兩者顯然有類似的形勢。

　　亞歷山大和李廣利不同之處在於,前者是乘冬季水淺之便,利用引水入城的渠道攻城,後者是決移這類渠道的水源,造成城中缺水,以利圍困。

要之，正確的、一以貫之的政治策略和行之有效的軍事策略的有機結合，是亞歷山大東征中亞取得成功最根本的原因。

■ 注釋

1 詳見本書第一篇。

2 以下不另注注者，均見阿里安《亞歷山大遠征記》。英譯見 Brunt 1983，漢譯見 LiH 1985。

3 也見昆圖斯·庫爾提烏斯的《亞歷山大大帝史》（VI, 6）（以下簡作"Curtius"）。英譯見 Rolfe 1956。

4 據普魯塔克的《亞歷山大傳》（XLIII）（以下簡作"Plutarch"），"當他捉到柏薩斯的時候，他下令撕裂他的身體：把兩棵直樹彎曲起來，使樹梢在中間相遇，把他的兩條腿分別綁在兩棵樹上，然後把樹鬆開，使他的身體隨著那種強烈的彈力而被肢解。"英譯見 Perrin 1919。

5 參看 Curtius（VII, 4）。

6 Zarangaeans，即 Drangina。

7 Assacenians，在今阿富汗東部和巴基斯坦開伯爾—普赫圖赫瓦省（Khyber Pakhtunkhwa），其地也被稱爲 Aśvaka。

8 亞歷山大甚至讓波斯貴族充當他的隨從，最著名的就是大流士三世的兄弟歐克西亞特雷（Oxyathres），參看狄奧多羅斯的《歷史集成》（XVII, 78.2）和 Curtius（VI, 22-23）。狄奧多羅斯英譯見 Geer 1984。

9 Plutarch（XLVII）.

10 據 Plutarch（XLV），"從赫卡尼亞，他率軍進入 Parthia，在那裏，因為沒有戰事，生活很悠閒，他第一次穿起野蠻人的帝王的衣服，其用意也許是為了對於野蠻人的教化工作，更能易於推行，因為爭取人心的最好辦法，莫過於遵行他們的習俗和時尚；另外還有一種可能的用意，就是用這件事情當做一個試驗，使馬其頓人漸漸地慣於容忍他的統治和生活方式的改變，看看能否使他們對他像波斯人對他們的國王那樣地俯伏禮拜"。

11 Plutarch(XLVII).

12 Cartledge 2004, pp. 167-169(漢譯本, pp. 126-128).

13 Bosworth 1980, pp. 356-357.

14 Fisher 1967; Fraser 1979/1980.

15 此城即玄奘所經漕矩吒國（Jaguda），見《大唐西域記》卷一二（JiXl 1985）。

16 Dani 1992, p. 70 (p. 44).

17 參看 Curtius（VII, 10-11）。

18 新城位置的比定見 Bosworth 1981, pp. 23-29。

19 大流士三世試圖在埃克巴塔那（今 Hamandan）結集軍隊，並在那裏與巴克特里亞的柏薩斯，阿拉霍西亞的 Barsaentes，阿瑞亞的 Satibarzanes 以及 Nabazarnes、Artabazus 和包括其希臘雇傭軍在內的許多部隊組成聯軍。但亞歷山大進軍神速，使大流士無法重新佈置，以取得東部諸省的支援。Dani, p. 43.

20 Bosworth 1988, p. 99.

21 Plutarch（XLVII）也記載了亞歷山大為了輕裝進軍而焚燒行李之事，不過，時間在進軍印度之前。

22 司馬遷《史記·大宛列傳》（SimaQ 1975）。

四　塞琉古帝國與中亞的關係

如所周知，馬其頓亞歷山大去世後，他征戰四方打下的大帝國不久就一分爲三：安提柯帝國（Antigonid Empire）、托勒密帝國（Ptolemaic Empire）和塞琉古帝國（Seleucid Empire）。中亞部分歸屬塞琉古帝國。

以下略述塞琉古帝國和中亞的關係。

A　塞琉古一世治期

塞琉古帝國的創始人塞琉古（Seleucus I Nicator，約前312—前281年在位）最終獲得了原馬其頓帝國的大部分領土。因此，阿里安《亞歷山大遠征記》稱：

> 塞琉古是亞歷山大死後最偉大的國王。他的思想也最像一個偉大的帝王。他統治的地區極其遼闊，僅次於亞歷山大的大

帝國。(VII, 22)¹

不言而喻,其間經過了翻覆的鬥爭。而在此應該提到的是:前320年,在敘利亞Triparadeisus的一次權力重新分配的會議上,塞琉古獲得了巴比倫(見狄奧多羅斯《歷史集成》XVIII, 39.6)²;五年後,塞琉古被安提柯(Antigonus I,前306—前301年在位)逐出巴比倫。前312年,得托勒密(Ptolemy I Soter,前305/304—前282年在位)之助,塞琉古奪回巴比倫,并鞏固了在美索不達米亞的統治,然後將目光轉向東方。³前308—前306年間,塞琉古通過武力和外交,成了伊朗和巴克特里亞的主人。⁴查斯丁《龐培·特羅古斯書的摘要》⁵說:

> 亞歷山大的追隨者瓜分了馬其頓帝國後,他(塞琉古)在東方發動了幾場戰爭。他首先佔領了巴比倫,力量因此增強,於是征服了巴克特里亞人。(XV, 4.11)

羅馬史家阿庇安(Appian of Alexandria,約95—165)《敘利亞戰爭》(*The Syrian Wars*, 55)⁶亦載:

> 他總是在伺機打擊鄰國,他(塞琉古)武裝力量強大,外交手段高明,獲得了美索不達米亞、亞美尼亞、所謂塞琉古的Cappadocia⁷,[征服了]波斯人、帕提亞人、巴克特里亞人、阿拉伯人、Tapyri人⁸、索格底亞那人、阿拉霍西亞人、赫卡

尼亞人，以及所有鄰近的被亞歷山大征服的民族，直至印度河。因此，他的帝國在亞洲的疆域是繼亞歷山大之後最遼闊的。從 Phrygia[9] 直到印度河，全都歸屬 Seleucus。(55)

塞琉古帝國以阿喀美尼德帝國的管理模式統治巴克特里亞等中亞地區，而在巴克特里亞打鑄的錢幣上並列塞琉古一世和安條克（Antiochus I Soter，前 281—前 261 年在位）之名，則表明塞琉古與其子安條克一度聯合執政[10]，大約巴克特里亞、索格底亞那等地均由安條克一世直接管轄。其年代始於前 292 年，直至前 281 年塞琉古一世去世。[11]

從巴克特里亞出發，塞琉古一世進軍印度。這場戰爭以與當時印度的孔雀王朝統治者聯姻、結盟而告終。據阿庇安《敘利亞戰爭》記載：

> 他越過印度河，與印度河畔的印度人國王 Androcottus 交戰，戰事結束於兩者互相瞭解並聯姻。(55)

Androcottus 即孔雀王朝的旃陀羅笈多（Chandragupta，前 324/321—前 297 年在位）。一般認為，塞琉古似乎讓出了最東邊的督區：阿拉霍西亞、Gedrosia 和 Paropamisadae[12]，也許還包括阿瑞亞。[13] 蓋據斯特拉波《地理志》[14]：

> 這些部落的地理位置如下：印度河沿岸是 Paropamisadae

人（位於今阿富汗和巴基斯坦），在他們之北是 Paropamisus 山脈；在他們南邊是阿拉霍西亞人（Arachoti，即 Arachotes）；再向南是 Gedroseni 人（Gedroseni，即 Gedrosia）[15] 和居住在海岸邊的其他部落；從緯度上看，印度河流過上述這些地區，這些地區部分位於印度河沿岸，由印度人居住，它們曾屬於波斯人。亞歷山大從阿瑞亞人手中奪取了這些地區，建立了自己的居民點，但塞琉古·尼卡托（Seleucus I Nicator）把這些土地給了 Sandrocottus（即旃陀羅笈多）作為通婚的禮物，交換了 500 頭大象。（XV, 2.9）

今案：塞琉古讓出這些地區顯然是為了換取帝國東北邊境的穩定，當年亞歷山大正是越過 Paropamisadae 人的居地進入巴克特里亞的。由於和旃陀羅笈多的聯姻、結盟，塞琉古帝國在中亞的統治進一步得到鞏固。不用說，這些安排對於孔雀王朝的安全也是有利的。

B 安條克一世治期

安條克一世（Antiochus I Soter）是塞琉古一世與皇后阿帕瑪（Apama）之子，如前述，他曾與其父聯合執政（可能就是阿喀美尼德帝國的 mathišta [maθišta]）。塞琉古一世去世，他正式即位。

在聯合執政期間，中亞地區由安條克直接管轄。他本人駐蹕巴克特里亞，而不是底格里斯河畔的塞琉西亞（Seleucia）城[16]。可能是由於遊牧人的入侵和叛亂，需要他鎮守巴克特里亞。位於巴克特里亞的塞琉古帝國鑄幣廠是在他與其父聯合攝政時期建立的，以滿足該地區經濟以及東西貿易的需求。[17]

伊朗直至巴克特里亞的城市建設、邊境防禦工事亦由安條克負責。以下是他在中亞修建的重要城市：

1. 馬爾吉亞那的 Antiochia 城（Antiochia Margiana）[18]。據普利尼（Pliny the Elder，23/24—79）《自然史》（*Natural History*）[19]：

> 亞歷山大在馬爾吉亞那建有一城，名亞歷山大，後被蠻族摧毀，但塞琉古之子安條克在同一地點重建了一座城市……。他更願意稱此城為 Antiochia。城周長 8 英里。（VI, 47）

類似記載見斯特拉波《地理志》：

> 馬爾吉亞那與這個國家相似，儘管它的平原被沙漠包圍。安條克（Antiochus I Soter）欣賞它的富饒，於是用一堵長達 1,500 斯臺地的圍牆圍成一圈，建立了 Antiocheia 城。（XI, 10.2）

2. Achais 城[20]。據普利尼《自然史》：

> Heraclea 城，亞歷山大所建，後被毀，但由安條克修復，

命名爲 Achais。(VI, 48)

3. Artacoana 城。蓋據普利尼《自然史》：

> 朝印度河方向有阿瑞亞地區，……中有一城——Artacoana，有一河——Arius[21]；該河流經 Alexandria，亞歷山大所建，佔地近 4 英里；另有 Artacabene 城[22]，更美更古，安條克（一世）重修了該城的防禦工事，佔地 6 英里。(VI, 93)

此外，考古證據表明：今阿富汗北部 Takhar 省的 Ai-Khanoum 城（位於 Panj 河和 Kokcha 河的交匯處），約前 280 年由塞琉古帝國建立，時安條克一世已獨立執政。城內居民既有希臘人、馬其頓人，亦有土著。[23]

不言而喻，安條克一世進行的這些建設不僅有助於鞏固邊疆，防止北方遊牧諸族的入侵，同樣有助於經貿的發展。

很可能就在安條克作爲攝政管轄中亞期間，將軍 Demodamas 考察了錫爾河以北地區。蓋據普利尼《自然史》(VI, 16)，曾使亞歷山大及其大軍受阻的 Tanais 河，被"塞琉古王和安條克王的將軍 Demodamas 跨越了。他爲 Apollo Didymaeus (Apollo of Didyma) 建立了若干祭壇"[24]。一般認爲，Demodamas 是在這一方向上比亞歷山大走得更遠的人。他還重建了遠東亞歷山大城（Alexandria Eschate）。此人曾任塞琉古帝國巴克特里亞和索格底亞那的總督，後來寫了一本關於他在中亞探險的自傳，成了地理學家斯特拉波

和老普林尼的重要資料來源。²⁵

從安條克一世即位開始，塞琉古帝國和托勒密帝國之間衝突不斷，為爭奪地中海東部沿海城市的控制權，至少爆發了六次所謂敘利亞戰爭。應該指出，在第一次敘利亞戰爭期間（前274—前271），中亞地區無疑是忠於塞琉古帝國的。證據是巴克特里亞總督曾以大象支援塞琉古皇帝，時為前273年。²⁶

安條克一世由安條克二世（Antiochus II Theos，前261—前246年在位）繼位，後者可能對中亞疏於管理，很可能正是在他的治期，中亞脫離塞琉古帝國而獨立，史稱希臘—巴克特里亞王國。首位希臘—巴克特里亞國王迪奧多圖斯（Diodotus I）很可能是安條克二世治下塞琉古帝國的巴克特里亞總督。²⁷

安條克二世治期結束後即位的塞琉古二世（Seleucus II Callinicus，前246—前225年在位）和他的兄弟Antiochus Hierax之間又爆發戰爭，結果，Antiochus Hierax在小亞建立了自己的王國。這場兄弟之戰（前241—前239）以及緊接著爆發的第三次敘利亞戰爭（前246—前241），給了迪奧多圖斯鞏固其獨立王國的機會。

C 安條克三世治期

塞琉古二世由其長子塞琉古三世（Seleucus III Ceraunus，前225—前223年在位）繼位。兩年後，塞琉古三世在Bergama²⁸與Pergamon的阿塔羅斯一世（Attalus I，前241—前197年在位）作戰時被暗殺，其弟安條克三世（Antiochus III Megas，前 222—前 187 年在位）即位，時年 18 歲。在即位前，可能管轄帝國東部諸督區。²⁹

正是在安條克三世治期，塞琉古帝國再次將勢力伸進中亞（巴克特里亞）。

作爲重新征服東部督區的前奏，安條克三世於前 212 年入侵亞美尼亞，前 210 年立安條克四世之兄 Antiochus 爲攝政王。³⁰ 前 210 年底，他開始東征，主要目標是佔領帕提亞、赫卡尼亞和米底的阿薩息斯二世（Arsaces II，前 217—前 191 年在位）的領地，在迫使阿薩息斯二世從米底撤退，佔領了 Hecatompylus 後，自 Hecatompylus 山口進入赫卡尼亞。在佔領 Sirynca³¹ 後，阿薩息斯二世不得不屈服。以上見波利庇奧斯（Polybius，約前 200—前 118）《歷史》（*Histories*, X, 27-31）³²。

接下來，他進軍巴克特里亞，當時，希臘—巴克特里亞王國創始人的迪奧多圖斯一世已經去世，繼位者乃其子迪奧多圖斯二世。而當安條克三世出兵希臘—巴克特里亞王國時，蓋王國已被權臣歐西德謨斯（Euthydemus）篡奪（史稱歐西德謨斯王朝）。安條克三世的對手應爲歐西德謨斯。歐西德謨斯一世試圖在 Arius 河³³ 畔抵抗安條克三世，但被打敗，退回首都巴克特拉，在巴克特拉苦守三載，最後以雙方議和結束，時在前 206 年。歐西德謨斯稱，雙方繼續對抗將使巴克特里亞面臨遊牧諸族的入侵，安條克三世乃同意媾和。他表示接受歐西德謨斯稱王，而歐西德謨斯承認安條克三世爲宗主，並以糧食和大象作爲戰爭的補償。³⁴ 安條克三世隨後越過興都庫什河進入喀布爾流域。[35]

安條克三世之後，塞琉古帝國再也無力控制中亞。

要之，繼亞歷山大之後統治中亞的是塞琉古帝國，但由於其重心在西部，中亞部分不久就脫離塞琉古中央而獨立，史稱希臘—巴克特里亞王國。[36]

D 關於阿帕瑪和 Apamea 城

1. 如前所述，安條克一世之母阿帕瑪乃巴克特里亞貴族斯皮塔米尼斯之女。[37]

塞琉古一世原是亞歷山大麾下大將，是亞歷山大親密夥友之一。前324年，在蘇薩舉行的盛大集體婚禮上，巴克特里亞貴族、馬其頓人曾經的死敵斯皮塔米尼斯之女阿帕瑪被亞歷山大許配給他（詳下）。這場婚姻對塞琉古後來的霸業產生了積極影響。或以爲塞琉古一世因此在獲得中亞人認可方面比亞歷山大成功。[38]

據阿里安《亞歷山大遠征記》，柏薩斯殺害大流士三世後，渡Oxus河、率部奔赴索格底亞之際，追隨他的人中就有斯皮塔米尼斯。（III, 28）但當亞歷山大渡過 Oxus 河進擊柏薩斯時，斯皮塔米尼斯背叛了柏薩斯。他將柏薩斯逮捕，交給亞歷山大。（III, 29-30）而當馬其頓軍開抵 Tanais 河（錫爾河）時，斯皮塔米尼斯又背叛亞歷山大，率部圍攻 Marakanda。（IV, 3）並在 Polytimetus 河流域重創馬其頓軍。（IV, 5）亞歷山大爲追擊斯皮塔米尼斯，踏遍了

Polytimetus 河流域。(IV, 6, 16-17) 可以說，斯皮塔米尼斯是亞歷山大征服中亞過程中遭遇的最難纏的對手。[39]

作爲中亞土著的貴族，斯皮塔米尼斯無疑是馬其頓亞歷山大的敵人，但他其實並不忠於阿喀美尼德帝國。一開始追隨柏薩斯，無非是想依託波斯人的力量和馬其頓人對抗。一旦發現柏薩斯不足恃，立即拋棄柏薩斯，自己團結巴克特里亞人、索格底亞那人乃至塞人、瑪薩革泰人和馬其頓人鬥爭，寧折不彎。[40] 前 328 年，因瑪薩革泰人背叛，斯皮塔米尼斯被殺，其女阿帕瑪落入亞歷山大之手。

這樣一位堅決對抗入侵者的土著貴族，即使死後，其聲望在土著中也不會墜落。因此，雖然斯皮塔米尼斯堪稱亞歷山大死敵，但亞歷山大依舊將其女許配其愛將。一般認爲，時爲前 324 年。以下是阿里安《亞歷山大遠征記》的記載：

> 然後，他還在蘇薩舉行了集體婚禮——他和他的夥友們一起舉行婚禮。他娶了大流士的大女兒巴西妮。據阿瑞斯托布拉斯說，他同時還娶了歐卡斯最小的女兒帕瑞薩娣斯，他過去已娶過巴克特里亞人 Oxyartes 的女兒羅克塞妮。他把大流士的另一個女兒德莉比娣斯送給赫菲斯提昂，她是巴西妮的妹妹。亞歷山大希望將來赫菲斯提昂生的孩子就是他自己的外甥和外甥女兒。他又把大流士的弟弟 Oxyartes 的女兒阿瑪斯特莉妮給了克拉特拉斯。給坡狄卡斯的是米底督辦阿特羅帕提斯的女兒。給近衛軍官托勒密和皇家秘書攸米尼斯的是阿塔巴紥

斯的兩個女兒：阿塔卡瑪給了托勒密，阿托妮斯給了攸米尼斯。給尼阿卡斯的是巴西妮和門托所生一女。給塞琉古的是巴克特里亞人斯皮塔米尼斯的女兒。給其他夥友的也都是波斯和米底最顯貴的人物的女兒，加在一起一共有八十個。婚禮是波斯式的。（VII, 4）

像斯皮塔米尼斯這樣的人，正是亞歷山大必須籠絡的。這完全符合亞歷山大在蘇薩舉行這一場集體婚禮的根本宗旨。

或許應該指出：據阿里安《亞歷山大遠征記》，斯皮塔米尼斯死於一度追隨他的瑪薩革泰人之手。（IV, 17）而據 Quintus Curtius（VIII, 3）記載，斯皮塔米尼斯死於他摯愛的妻子之手：斯皮塔米尼斯之妻厭倦了無休止的逃亡，千方百計勸說丈夫投降亞歷山大，以保全他們的三個孩子。但斯皮塔米尼斯認為她這是背叛，差點將她殺了。其妻不得不乘斯皮塔米尼斯熟睡時將他殺死，帶著他的頭顱投奔亞歷山大。儘管亞歷山大厭惡她這種殘忍的行為，但不難想見，這一事件掃除了後來亞歷山大將斯皮塔米尼斯之女許配其手下大將的障礙。在塞琉古帝國統治中亞的過程中，阿帕瑪其人或者說這段婚姻一直在起著某種促進作用。

2. 阿帕瑪是安條克一世之生母；安條克一世生於前 323 年。據普羅塔克《Demetrius 傳》[41]，塞琉古在前 300 年另娶馬其頓女子：

然而，沒過多久，塞琉古派人向 Demetrius 和 Phila[42] 的女兒 Stratonice（前 320—前 254）求婚。波斯人阿帕瑪已經生了一個兒子安條克；但他認爲他的王國足以容納更多的繼承人，而且他需要與 Demetrius 結盟，因爲他看到 Lysimachus[43] 也爲自己娶了托勒密[44] 的一個女兒。（XXXI, 3）

但這並未影響阿帕瑪的地位，其子安條克順利即位，此前曾與其父聯合攝政，直接管轄其母誕生之地。

一般認爲，在塞琉古一世和安條克一世治期，至少有四個城市用阿帕瑪的名字命名。[45] 據阿庇安《敘利亞戰爭》（57），可知其中三座係塞琉古一世所建：

> 他（塞琉古一世）在其領土上建造了許多城市，其中，16座以他父親的名字命名爲安條克，5座以他母親的名字命名爲 Laodicea，9座以他自己的名字命名，4座以他妻子的名字命名，3座爲 Apamea，1座爲 Stratonicea（= Stratonice）。其中最有名的兩個是兩個塞琉西亞，一個在海上，一個在底格里斯河上，腓尼基的 Laodicea，黎巴嫩山下的安條克和敘利亞的 Apamea。（57）

這些城市見載於多種典籍，以下所舉爲其中較爲重要者。

a. 最著名的是敘利亞 Orontes 河[46] 上的 Apamea。斯特拉波《地理志》（XVI, 2.4）稱敘利亞較大的城市有四：

> ［敘利亞］最大的城市有四：Daphnê 附近的 Antiocheia、

Pieria 的 Seleuceia，還有 Apameia 和 Laodiceia。這些城市都是 Seleucus Nicator 建立的。因彼此和諧，被稱為姊妹城。其中，最大的一座是以其父之名命名，最堅固的一座天然堡壘是以己名命名。其餘兩座中，Apameia 以其妻之名命名，Laodiceia 則以其母之名命名。

b. Mesene[47]（Mēšān）北部的 Apamea。普利尼《自然史》載：

[底格里斯河] 穿過 Gurdiaei 山，流經一個屬於 Mesene 的城鎮 Apamea，去巴比倫的塞琉西亞[48]125 英里，一分為二，其一向南流，抵達塞琉西亞，途中灌溉了 Mesene。……（VI. 31）

c. 幼發拉底河（Euphrates）上的，位於 Zeugma 對面。蓋據普利尼《自然史》（V, 21）記載：

[幼發拉底] 河沖刷的城市有 Euphania 和 Antioch（所謂幼發拉底河的安條克），還有 Zeugma（今土耳其，幼發拉底右岸），去 Samosata（土耳其 Adiyaman 省的一個小城）72 英里，彼處因可橫渡幼發拉底河而著稱。Zeugma 對岸就是 Apamea，兩者有一橋相連，塞琉古所建。兩城的建造者都是塞琉古。

d. Phrygia 的 Apamea：據 Pliny《自然史》記載：

……另有 Apamea 城，安條克以其母之名命名；此城被底格里斯河環繞，Archous 河⁴⁹穿城而過。（VI, 31）

此城在斯特拉波《地理志》亦有多處記載（作 Apameia。XII, 6.4, 8.13-15-18-19; XIII, 4,12; XIV, 2.29）。其中 XII, 8.15 稱安條克一世之母阿帕瑪係投奔亞歷山大的波斯貴族 Artabazus 之女則是錯誤的。

今案：如果前三座 Apamea 是塞琉古一世所築，那麼第四座——Phrygia 的 Apamea 不妨指爲安條克一世所築。這表明阿帕瑪其人影響至少延續至安條克一世治期。此外，還有一些以阿帕瑪命名的城市，茲不一一。⁵⁰

應該指出的是，前三世紀中葉，塞琉古帝國聲稱阿帕瑪是亞歷山大和羅克塞妮之女，而羅克塞妮被指爲大流士三世之女，旨在使自己成爲阿喀美尼德王朝和馬其頓亞歷山大的合法繼承者。⁵¹這一虛構的血統曾引起了不小的混亂。⁵²但不難想見，當需要強化在以巴克特里亞爲中心的中亞地區的統治時，阿帕瑪作爲中亞土著貴族後裔這一身份至少在一些特定場合是會被塞琉古人強調的。

不管怎樣，阿帕瑪在塞琉古帝國歷史上留下了自己的印記，這也是中亞人留下的印記。

要之，立國伊始，塞琉古帝國就領有中亞。塞琉古帝國繼承了阿喀美尼德帝國的行政體系，巴克特里亞和索格底亞那很可能是屬於一個總督治下的督區。帝國統治者在巴克特里亞、索格底亞那和馬爾吉亞那等地建造防禦工事乃至城市，以捍衛其東北邊境。或以爲，因爲該王朝鼓勵向巴克特里亞的移民，並積極擴大灌溉網絡，中亞經濟在塞琉古帝國時期蓬勃發展。[53]

由於巴克特里亞督區脫離帝國控制而獨立，並開始以自己的名義鑄造貨幣[54]，塞琉古帝國失去了中亞。安條克三世的東征事實上僅僅爭得了名義上的宗主權。這一地區對塞琉古帝國來說是至關重要的。除朝貢外，這些地區還可能爲在帝國作戰時提供騎兵，輕型步兵，尤其是弓箭手，這些成了帝國軍事力量的基礎。[55] 失去波斯及其以東包括巴克特里亞地區是塞琉古帝國衰落的結果，這標誌著塞琉古帝國作爲世界強國的最終解體。[56]

■ 注釋

1. Brunt 1983.
2. Geer 1984. 案：這次會議的年代可參看 Anson 1986。Triparadeisus 的確切地點無從得知。
3. Grayson 1975, no. 10 (pp. 25-26).
4. Sherwin-White 1993, p. 12.
5. Watson 1853.
6. White 1962.
7. Cappadocia，在今土耳其 Central Anatolia 地區。
8. Tapyri 人，斯基泰人之一支。

9　Phrygia，古國名，位於今土耳其 Anatolia 中西部，相傳其人遷自巴爾幹。

10　Erickson 2019, p. 67 (Houghton 2003, no. 257).

11　Parker 1956, pp. 20-22.

12　Paropamisadae，喀布爾河上游地區，包括 Kophen、Kapisa 等地。

13　Clark 1919; Smith 1920.

14　Jones 1916.

15　Briant 2002, p. 756.

16　塞琉西亞城，見斯特拉波《地理志》(XVI, 1.5)。

17　Bopearachchi 1999; Bing 2011.

18　Antiochia 城，在今土庫曼斯坦 Merv。

19　Rackham 1949.

20　Achais 城，此城位置眾說紛紜，尚難確定。見 Cohon 2013, pp. 274-275。

21　Arius，可能即今赫拉特河。

22　Artacabene 城，此處普利尼誤一城（Artacoana）爲二城（Artacoana 和 Artacabene）。説見 Cohen 2013, p. 261。

23　Lyonnet 2012; Martinez-Sève 2014; Charpentier 1931.

24　相傳塞琉古一世是阿波羅之子，見查斯丁《摘要》(XV, 4.3-6) 以及阿庇安《敘利亞戰爭》(56)。

25　關於 Demodamas，參看 Kosmin 2014, pp. 61-67; Sherwin-White 1993, pp. 25-27。

26　詳見本書第五篇。

27　詳見本書第五篇。

28　Bergama，位於今土耳其西部 İzmir 省。

29 Bing 2011.

30 Parker 1956, p. 22.

31 Sirynca，今 Astarābād 附近。

32 Paton 1922-27.

33 Arius 河，今 Harīrūd River。

34 詳見本書第六篇。

35 見波利庇奧斯《歷史》(X, 48-49; XI, 39)：Paton 1922-27。

36 參看本書第五篇。

37 Brunt 1983 (Arrian, Anabasis, VII, 4.6); Perrin 1919 (Plutarch, *Demetrius* 31). Berve 1973, nos. 98 Ἀπάμη (p. 52); 717 Σπιταμένης (pp. 359-361).

38 Macurdy 1975, pp. 77-78; Erskine 2017, pp. 72-75, 133 (Strootman 2007, pp. 110-111).

39 參看本書第二篇。

40 Berve 1973, pp. 359-361.

41 Perrin 1959. Demetrius，指安提柯帝國的 Demetrius 一世（前 294—前 288 年在位）。

42 Phila，馬其頓攝政 Antipater 之女，死於前 287 年。

43 Lysimachus，色雷斯（Thrace）王（前 306—前 281 年在位）。

44 指托勒密一世（前 305/304—前 282 年在位）。

45 Shahbazi 2011.

46 Orontes 河，始於黎巴嫩，北流經敘利亞流入地中海。

47 Mesene，即 Characene，位於波斯灣頭。

48 巴比倫的塞琉西亞，底格里斯河左岸，泰西封對面，今伊拉克巴格達省內。

49 Archous 河，地望待考。斯特拉波《地理志》（XII, 8.15）稱穿越 Apamiea 城的河流爲 Marsyas 河。後者指今土耳其 Orontes 河。

50 Smith 1854, pp. 152-153.

51 Tarn 1929, p. 138; Tarn 1951, pp. 446-451; Shahbazi 1977; Strootman 2015-1. 案：羅克塞妮是巴克特里亞貴族 Oxyartes 之女。Oxyartes 在亞歷山大攻佔索格底亞那岩寨後歸降。見阿里安《亞歷山大遠征記》（IV, 18-19）。

52 Shahbazi 1977.

53 Frye 1996, pp. 113-114.

54 Broderson 1986; Lerner 1999.

55 Strootman 2015-2.

56 Habicht 1989.

五　希臘—巴克特里亞的獨立和迪奧多圖斯王朝

A

希臘—巴克特里亞王國的創始人是迪奧多圖斯，其生年不得而知。一般認爲，他可能在塞琉古帝國安條克二世受其父安條克一世委託管轄塞琉古帝國東部領土期間，成了巴克特里亞的總督。[1] 後來，迪奧多圖斯脫離塞琉古帝國獨立，開創了希臘—巴克特里亞王國。

由於文獻記載闕如，迪奧多圖斯獨立前的事跡不知其詳。僅《巴比倫天文日記》[2] 提及：

> 十二月二十四日，巴比倫總督從巴比倫和王城塞琉西亞取出許多銀幣、布匹、貨物、器皿以及巴克特里亞總督呈國王的 20 頭大象，送至駐蹕 Transpotamia（即 Eber-näri，指幼發拉底河以西地區）的國王跟前。（No. -273B 'Rev. 30´- 32´）

時值第一次敘利亞戰爭（前 274—前 271），這位以 20 頭戰象支援塞琉古軍隊對抗托勒密埃及的巴克特里亞佚名總督有可能就是迪奧多圖斯。當然，也可能是他的前任。

關於迪奧多圖斯主政的巴克特里亞脫離塞琉古帝國獨立的年代，文獻僅留下了若干互相牴牾的蛛絲馬跡，且多與帕提亞獨立的年代糾纏不清，很難確定。目前，學界主要有兩說：前 255 年（或前 250 年）和前 246 年。[3] 前說的優點在於能夠說明為什麼塞琉古帝國安條克二世在巴克特里亞發行的錢幣很少，也就是說迪奧多圖斯一世在安條克二世治期已經獨立。後說的優點在於將迪奧多圖斯的獨立和第三次敘利亞戰爭（前 246—前 241）聯繫了起來，蓋此戰對塞琉古帝國而言是災難性的，有利於迪奧多圖斯獨立活動。[4] 以下大致按年代先後羅列幾種直接和間接的記錄，並略做探討。

B

據斯特拉波所著《地理志》[5] 記載：

據說 Aparnian Däae 是來自前述 Maeotis 湖畔的 Däae 移民，被稱為 Xandii 或 Parii。但 Däae 是生活在 Maeotis 湖附近的斯基泰人這種說法沒有被完全接受。不管怎樣，有人說阿薩息斯（Arsaces I，前 247/246—前 217 年在位）源自斯基泰人，而另一些人說他是巴克特里亞人,並稱當他擺脫了迪奧多圖斯(一世)及其追隨者日益增強的勢力的控制後,便在帕提亞揭起叛旗。(11.9.3)

在此,斯特拉波傳達的信息是:帕提亞帝國的創始人阿薩息斯一世揭叛旗與巴克特里亞的迪奧多圖斯一世有關。[6] 蓋據斯特拉波,帕提亞帝國創始人阿薩息斯一世的淵源似乎有兩種不同的説法,既有人認爲他是斯基泰人(具體而言是 Xandii 或 Parii 人),又有人認爲他是巴克特里亞人。若欲協調兩説,不妨認爲阿薩息斯是遷入巴克特里亞的斯基泰人。[7] 若阿薩息斯一世確實於巴克特里亞起事,則勢必擺脫迪奧多圖斯一世及其勢力之束縛。而由於巴克特里亞和帕提亞緊鄰,若迪奧多圖斯一世業已叛離塞琉古帝國且試圖擴大其勢力範圍,則阿薩息斯一世在帕提亞揭叛旗的前提必然也是擺脫迪奧多圖斯的束縛。

由於斯特拉波在談到巴克特里亞時,曾引用活躍於公元前130年至前87年之間的希臘史家阿波羅多羅斯(Apollodorus)的著作,而阿波羅多羅斯是帕提亞帝國 Artemita 城的居民,因而斯特拉波有關記錄被認爲可信度較高。但是,僅憑斯特拉波的上述記載,我們既無從得知阿薩息斯一世在帕提亞揭叛旗的年代,也不能獲悉迪奧多圖斯一世主政的巴克特里亞叛離塞琉古帝國的年代。[8]

值得注意的是,在上引段落之前,斯特拉波還有一段涉及巴克特里亞和帕提亞叛離塞琉古帝國的記載:

但是，當 Taurus（山脈）以外地區試圖變革時，由於擁有這些地區的敘利亞和米底的國王們正忙於處理其他事務，那些受任方面者便率先發動了巴克特里亞及其附近整個地區的叛亂——我指的是歐西德謨斯及其追隨者；然後是斯基泰人阿薩息斯，他和一些 Däae 人（我指的是 Aparnia 人，即沿 Ochus 河遊牧的 Aparnia 人）一起入侵並征服了帕提亞……（11.9.2）

這是一段富有爭議的記載："Taurus 以外地區試圖變革"何所指？"敘利亞和米底的國王們正忙於處理其他事務"又何所指？更奇怪的是，爲什麼在這裏說巴克特里亞的叛亂是歐西德謨斯發動的？對此，學界提出了多種解釋。[9]這些解釋都給人啟發，但似乎均難自圓。

茲提出個人不成熟的看法，僅供參考。

首先，"Taurus 以外地區試圖變革"，應指控制 Taurus 山脈以外地區亦即小亞細亞的 Antiochus Hierax（安條克二世之子、塞琉古二世之弟）試圖脫離塞琉古帝國而獨立。[10]

其次，"敘利亞和米底的國王們正忙於處理其他事務"似指塞琉古二世和托勒密三世（Ptolemy III Euergetes，前246—前222年在位）忙於爭奪敘利亞和米底等地的戰事，無暇顧及小亞。據托勒密三世的 Adulis 銘文[11]：

他成了幼發拉底河這一側全部土地，以及 Cilicia、Pamphylia、Ionia、Hellespont 和 Thrace 的主人，又掌控了這些地區一切武裝和印度象軍，使各地的王公都臣服之後，跨過了幼發拉底河，令美索不達米亞、巴比倫、Sousiana（Susiana = Elam）、波斯、米底和直到巴克特里亞其餘所有地區都臣服於他，他搜出了被波斯人帶出埃及的全部聖殿財物，將這些財物以及獲自各地的寶藏一起帶回，並通過業已開鑿的運河將他的軍隊運送至埃及。

可知第三次敘利亞戰爭期間，托勒密三世東渡幼發拉底河，兵鋒直指美索不達米亞、巴比倫、Iram、波斯和米底等地，塞琉古帝國勢如危卵，而敘利亞和米底等正是雙方爭奪之地。

第三，"受任方面者"無疑指塞琉古帝國任命的東部諸郡（包括巴克特里亞、帕提亞等地）之總督。而如所周知，歐西德謨斯是推翻迪奧多圖斯王朝後纔登上巴克特里亞國王寶座的，而和阿薩息斯先後揭叛旗的應該是迪奧多圖斯一世。因此，斯特拉波的上述記載似乎表明："歐西德謨斯及其追隨者"是巴克特里亞的實權派、巴克特里亞叛離塞琉古帝國的實際操控者。而時任巴克特里亞總督的迪奧多圖斯不過是一個傀儡。這也便於理解後來歐西德謨斯的篡位。換言之，歐西德謨斯是巴克特里亞叛離塞琉古帝國的策劃者和執行者，在獨立後，歐西德謨斯成了希臘—巴克特里亞王國的權臣。

要之，斯特拉波這一段說的是由於塞琉古二世和托勒密三世忙於第三次敘利亞戰爭，小亞風風雨雨，而巴克特里亞等地乘機反叛，斯基泰人阿薩息斯隨之侵佔了帕提亞。就巴克特里亞獨立年代而言，斯特拉波的記載表明其年代最早在前246年，最遲在前241年。

C

年代和斯特拉波十分接近的是龐培·特羅古斯所著《菲利普史》（*Historiae Philippicae*）。此書已佚，以下所引見於查斯丁的《摘要》[12]：

> 亞歷山大大帝去世後（前323），王國東部被其繼任者分割，帕提亞政府被託付於外國盟友 Stasanor[13]，因為馬其頓人都不願屈尊接受他。隨後，當馬其頓人因內部紛爭而分裂為派別時，帕提亞人與上亞細亞其他人一起追隨 Eumenes（約前362—前316），Eumenes 敗北後，轉而追隨 Antigonus（約公元前二世紀中葉）。Antigonus 死後，他們在塞琉古·尼卡特（Seleucus I Nicator）治下，然後由安條克（一世）及其繼任者（安條克二世）掌管，第一次布匿戰爭期間，當 Lucius Manlius Vulso 和 Marcus Attilius Regulus 任執政官時，他們首揭叛旗反抗其曾孫塞琉古。塞琉古和安條克兄弟之間的爭執，使這些叛者逍遙法外；他們在爭奪君位時，忽視了對叛者的追捕。
>
> 同一時期（eodem tempore），又有千城之郡巴克特里亞的

總督迪奧多圖斯（Theodotus，即 Diodotus）反叛，僭號稱王。以他爲榜樣，所有東方人都叛離了馬其頓人。阿薩息斯其人，來歷不明，但勇猛無儔，應運而生。他以劫掠爲生，得知塞琉古二世在亞洲敗於高盧（Gaul）人之手，便不再懼怕這位國王，率群盜入侵帕提亞，擊敗並殺死守將 Andragoras，領有這一地區。（41.4）

上引《摘要》第一節是敘述亞歷山大去世後帕提亞人的歸屬及其叛離塞琉古帝國的經過。據載，帕提亞人之叛離時在 Lucius Manlius Vulso（前256和前250年在位）和 Marcus Attilius Regulus（前267和前256年在位）同時爲羅馬執政官時，具體而言應在前256年，這一年正好落在第一次布匿戰爭期間（前264—前241）。[14] 一說查斯丁此處有誤，應以 Caius Atilius Regulus 取代 Marcus Attilius Regulus，也就是說其時兩位執政官應爲 Lucius Manlius Vulso 和 Caius Atilius Regulus（兩者同時任職的年代應爲前250年）。[15] 髣髴唯獨如此，才能和下文"塞琉古二世"聯繫起來。

今案：查斯丁的《摘要》說首揭叛旗的帕提亞人"反抗其曾孫塞琉古"無疑是指反抗塞琉古一世之曾孫塞琉古二世。不過，前256年時塞琉古二世尚未即位。他很可能和其祖父安條克一世一樣受其父委託管理塞琉古帝國的東方領土。因此，他必然成爲反叛者矛頭所向。果然，查斯丁的記載未必有誤。另外，前256年揭叛旗者應該是塞琉古帝國任命的帕提亞總督（Andragoras）。[16] 由於此後不久發生的第三次敘利亞戰爭以及緊隨其後的塞琉古二世與其領有小亞的胞弟安條克・希拉克斯之間的戰爭（史稱"兄弟之戰"，前241—前239），塞琉古帝國無暇他顧，以至於叛者逍遙法外，得以坐大。

上引《摘要》第二節所謂"同一時期"似乎可以有兩種解讀。第一種解讀是巴克特里亞總督迪奧多圖斯揭叛旗與塞琉古帝國帕提亞總督揭叛旗在"同一時期"。果然，迪奧多圖斯揭叛旗之年代也在前256年。第二種解讀是巴克特里亞總督迪奧多圖斯揭叛旗與塞琉古帝國發生"兄弟之戰"以至叛離之帕提亞人逍遙法外在"同一時期"。果然，則迪奧多圖斯揭叛旗之年代最早可以落在第三次敘利亞戰爭期間。換言之，帕提亞首揭叛旗反抗塞琉古帝國與"兄弟之戰"是兩個時段，不能混為一談。

兩者相較，後一種可能性較大。因為《摘要》緊接著就提到阿薩息斯以迪奧多圖斯為榜樣，入侵帕提亞、殺死其總督。也就是說迪奧多圖斯叛離和阿薩息斯起事都落在"兄弟之戰"期間。

有關塞琉古二世敗於高盧人的記述，乃指"兄弟之戰"中決定性的戰役，地點在 Ancyra（今安卡拉）[17]，結果是塞琉古二世敗北。安條克・希拉克斯的主力是高盧雇傭兵，《摘要》稱塞琉古二世"被高盧人戰敗"者為此。既然阿薩息斯入侵帕提亞是在得悉塞琉古二世在"兄弟之戰"中敗北之後，則阿薩息斯揭叛旗亦即殺死塞琉古帝國帕提亞總督有可能早於"兄弟之戰"。這正可與前文"塞琉古和安條克兄弟之間的爭執，使這些叛亂者逍遙法外"云云相照應。

要之，據上引查斯丁的《摘要》，塞琉古帝國任命的帕提亞總督在前256年揭叛旗。而由於第三次敘利亞戰爭以及緊隨其後的"兄弟之戰"的爆發，叛離的帕提亞人得以逍遙法外。於是，同為塞琉古帝國任命的巴克特里亞總督也脫離塞琉古帝國獨立。接著，以迪奧多圖斯為榜樣，有斯基泰人阿薩息斯起事，在塞琉古二世兵敗小亞之後，殺死業已獨立的帕提亞總督，佔領帕提亞。

就巴克特里亞獨立年代而言，龐培‧特羅古斯的記載和斯特拉波的記載頗為一致。

D

阿里安所著《帕提亞人史》（*Parthica* 或 *History of the Parthians*）。該書已佚，有關內容見佛提烏斯（Photius，公元九世紀）所著《文庫集錦》（*Bibliotheca* 或 *Myriobiblon*）[18]：

> 在《帕提亞人史》中，阿里安敘述了圖拉真（Trajan）治期（98—117）帕提亞和羅馬之間的戰爭。他認為，帕提亞人之族源是斯基泰，長期以來一直在馬其頓人束縛下，在波斯叛亂時起義（波斯人亦隨之被征服）。[19] 原因如下：阿薩息斯和提里達特思（Tiridates）兄弟倆，都是 Phriapetes 之子阿薩息斯之裔。兩兄弟偕同五個同夥，殺了安條克‧西奧斯（Antiochus Theos）任命的帕提亞總督 Pherecles，以報復他對兩兄弟之一的凌辱。他們趕走了馬其頓人，建立了自己的政府，其勢漸

盛，足以與羅馬人匹敵，有時甚至戰勝了羅馬人。(58)

此處稱帕提亞人在"波斯叛亂時起義（波斯人亦隨之被征服）"，應指阿薩息斯在塞琉古帝國任命的帕提亞總督叛亂時起事，蓋帕提亞總督（Pherecles）可能是波斯人，叛亂的"波斯人"被阿薩息斯征服，阿薩息斯殺死了叛離塞琉古帝國的帕提亞總督、侵佔了帕提亞。儘管其總督爲"波斯人"，但帕提亞依然是塞琉古帝國治下一郡，故阿薩息斯"趕走了馬其頓人"乃題中應有之義。阿里安沒有說阿薩息斯揭叛旗是在安條克二世治期，也沒有說這位帕提亞總督當時是否已經叛離塞琉古帝國。客觀上，這和以上依據查斯丁《摘要》得出的結論：阿薩息斯揭叛旗推翻塞琉古帝國委任的帕提亞總督遲於迪奧多圖斯叛離塞琉古帝國並不矛盾。

類似記載還見諸佐西莫斯（Zosimus，約活躍於公元五世紀後半葉）的《羅馬新史》（*New History*）[20]：

> 自馬其頓帝國腓力之子亞歷山大及其繼承者們去世後，那些督區處於安條克治下，帕提亞人阿薩息斯，被冒犯其弟特里達特斯（Tiridates）的行爲激怒，於是發動了一場針對安條克任命的總督的戰爭，驅逐了馬其頓人，建立了自己的政府。(I, 18)

在此，佐西莫斯稱阿薩息斯揭叛旗所反對的是由安條克二世委任的帕提亞總督，並沒有說揭叛旗在安條克二世治期。阿薩息斯揭叛旗時，這位總督業已叛離塞琉古帝國。一般認爲此處"安條克"

應爲"塞琉古二世"之誤,未必然。

類似記載還見諸辛斯勒(Syncellus,卒於810年之後)所著《拜占庭年代記》(*Byzantine Chronicle*)[21]:

> 在安條克二世治期,自亞歷山大時代起就臣服的波斯人起而反抗馬其頓人和安條克的統治。其原因如下:在馬其頓人阿加托克里斯(Agathokles)任波斯州長(eparch)時,(阿喀美尼德朝)波斯王 Artaxerxes(二世,前404—前358)之裔,阿薩息斯(Arsakes = Arsaces)及其弟特里達特斯(Teridates)爲巴克特里亞的總督(satrap)。據阿里安(Arrian),阿加托克里斯迷戀兄弟倆之一的特里達特斯(Teridates),迫不及待地爲這個青年設下圈套,敗露後被特里達特斯及其兄阿薩息斯所殺。[22] 阿薩息斯於是成了帕提亞國王。此後,波斯人的國王被稱爲"Arsakidai"。他在位兩年後被殺,其兄弟 Teridates 繼位,統治了37年。(AM 5238)

實際上,"在安條克二世治期,自亞歷山大時代起就臣服的波斯人起而反抗馬其頓人和安條克的統治"一句應指安條克二世任命的帕提亞總督(州長)叛離塞琉古帝國。但辛斯勒將此事和阿薩息斯推翻業已獨立的阿加托克里斯混爲一談,非是。在此,阿薩息斯殺死的阿加托克里斯被稱爲馬其頓人[23],其職務爲"波斯州長",均不準確,阿薩息斯兄弟倆一起任巴克特里亞總督的記載也與其他記載無法調和。由此可見,這則記載十分粗疏,價值有限。[24]

E

阿庇安（Appian，約公元95—165年）所著《羅馬史》(*Roman History*)[25]記載：

> 塞琉古（一世）死後，敘利亞王國按如下順序父子傳承：第一是愛上其繼母的安條克，他得別號Soter，即"救世主"（Antiochus I Soter），因爲他趕走了從歐洲入侵亞洲的高盧人。第二是另一個安條克，因這段婚姻而降生，他得別號"Theos"，即"神"（Antiochus II Theos），此號最初得自Miletus人，因爲他殺死了Miletus人的暴君Timarchus。
>
> Theos被其妻毒死。他有兩個妻子，Laodice和Berenice。前者是愛的結合，後者是托勒密（Ptolemy II Philadelphus，前284—前246年在位）之女，由托勒密許配給Theos。Laodice暗殺了Theos，然後暗殺了Berenice及其子。爲報此仇，Philadelphus之子托勒密（Ptolemy III Euergetes，前246—前222年在位）殺了Laodice[26]，並入侵敘利亞，直抵巴比倫。趁塞琉古家族之亂，帕提亞人揭起了叛旗。（XI-11, 65）

托勒密三世入侵敘利亞，史稱第三次敘利亞戰爭。"趁塞琉古家族之亂，帕提亞人揭起了叛旗"，這裏揭叛旗的"帕提亞人"應指阿薩息斯，其時間最早爲前246年。這年代和依據前引斯特拉波、龐培·特羅古斯和阿里安的記載得出的結論是一致的。

一般認爲，前引托勒密三世的 Adulis 銘文對於推測巴克特里亞獨立年代似乎也有參考價值。蓋托勒密三世兵鋒一度直抵巴克特里亞云云，至少表明在托勒密三世心目中，巴克特里亞依舊屬於塞琉古帝國。應該指出的是，銘文並不能說明當時巴克特里亞的形勢。換言之，無論當時巴克特里亞是否已經叛離塞琉古帝國，同樣可能受到托勒密三世的進攻。銘文既稱托勒密三世在第三次敘利亞戰爭中一度頗佔上風，則其時塞琉古帝國處境之困難可知。巴克特里亞乘機揭叛旗也頗合情理，何況巴克特里亞和帕提亞一樣，均屬塞琉古帝國的邊緣地區。

F

阿彌阿努斯·馬塞利努斯（Ammianus Marcellinus，約生於 330 年，死於 391—400 年）所著《羅馬史》（*Roman History*）[27] 記載：

> 這個王國（帕提亞）曾經很小，它曾有過若干名稱；由於我們常提到的原因，在亞歷山大於巴比倫去世後，它因阿薩息斯而得名帕提亞。[28] 阿薩息斯出身低賤，年輕時曾爲盜賊首領，但他的處境逐漸改善，終於因一系列輝煌的業績而聲名鵲起。(23.6.2)

> 在取得許多光榮和英勇的業績後，他又戰勝了亞歷山大

的繼承人塞琉古·尼卡托［眾多勝利使他獲得了"尼卡托（Nicator）"這一別號］，驅逐了馬其頓人的守軍，平靜地度過了一生，對於臣民，他是一位溫和的統治者和法官。(23.6.3)

"在亞歷山大於巴比倫去世後，它因阿薩息斯而得名帕提亞"和"他又戰勝了亞歷山大的繼承人塞琉古·尼卡托"上下銜接，表明阿彌阿努斯·馬塞利努斯稱帕提亞揭叛旗在塞琉古一世治期。這不是無意識的錯誤。

G

提取上述各種記載的合理成分，就巴克特里亞獨立以及相關事件的年代，我的大致看法如下：

1. 安條克二世任命的帕提亞總督叛離塞琉古帝國的年代最早，應在第一次布匿戰爭期間，很可能就在前256年。

2. 安條克二世任命的巴克特里亞總督迪奧多圖斯叛離塞琉古帝國的年代最早可能在第三次敘利亞戰爭期間，最遲在"兄弟之戰"期間。

3. 阿薩息斯殺死業已叛離塞琉古帝國的原帕提亞總督應在安條克二世末年或在塞琉古二世即位之初，稍遲於迪奧多圖斯叛離塞琉古帝國的年代。

4. 阿薩息斯在入侵並佔領帕提亞之前，曾和業已獨立的迪奧多圖斯一世發生衝突。其原因可能是阿薩息斯覬覦巴克特里亞，也可能是迪奧多圖斯的勢力向帕提亞擴張。

H

迪奧多圖斯和阿薩息斯的矛盾和衝突：

或以為：在 Antiochus II Theos 統治期間，遊牧民族 Parni-Dahae 聯盟的一部分由阿薩息斯一世和 Tiridates 一世兄弟領導，他們在公元前 250 年前離開了他們的斯基泰家園，遷移到 Ochus 河，在那裏，巴克特里亞總督迪奧多圖斯驅逐了他們。最後，他們入侵了帕提亞（後來又入侵了赫卡尼亞），殺死了塞琉古帝國總督 Andragoras（Pherecles 或 Agathocles）。阿薩息斯統治了兩年（約前 250—前 248），他的兄弟 Tiridates 繼位，直到前 211 年，由阿薩息斯三世（Priapatius 一世或 Artabanus 一世）繼位。[29]

叛離塞琉古帝國而獨立的巴克特里亞，史稱希臘—巴克特里亞王國。一說迪奧多圖斯一世死於塞琉古二世治期，即前 235 年左右。[30] 王位由其子迪奧多圖斯二世繼承。後者曾聯合帕提亞的阿薩息斯與塞琉古二世鬥爭，蓋據前引查斯丁的《摘要》，在敘說阿薩息斯擊敗並殺死業已獨立的塞琉古帝國帕提亞總督 Andragoras，領有這一地區之後接著說：

不久之後，他又使自己成了赫卡尼亞的主人，憑藉凌駕兩個民族的權力，建立了一支大軍，因爲他害怕塞琉古和迪奧多圖斯即巴克特利亞王。但他的恐懼很快因迪奧多圖斯死亡而消除，他與後者之子，亦名迪奧多圖斯，講和並結盟。不久之後，他與前來懲罰叛者的國王塞琉古交戰獲勝。帕提亞人以莊嚴肅穆的方式慶祝這一天，這標誌著他們自由的開始。(XLI, 4)

"他的恐懼很快因迪奧多圖斯死亡而消除"云云，可以和前引斯特拉波關於阿薩息斯"擺脫了迪奧多圖斯"及其勢力的説法參看。但是我們不能據以爲阿薩息斯起事進而佔領帕提亞在迪奧多圖斯死後，而只能認爲在"擺脫了迪奧多圖斯"及其勢力之後，阿薩息斯得以致力於經營帕提亞，而直至迪奧多圖斯一世死後，阿薩息斯始有遠圖——建立帕提亞波斯帝國。由此可見，雖然阿薩息斯起事乃以迪奧多圖斯爲榜樣，但他一直受制於迪奧多圖斯，直至後者去世後始得以一展宏圖。

一般認爲，迪奧多圖斯一世和其子二世均曾發行錢幣。迪奧多圖斯二世（Diodotus II）改變了其父與帕提亞敵對的政策，轉而與阿薩息斯一起對抗塞琉古帝國，最終鞏固了獨立的希臘—巴克特里亞王國。[31]

迪奧多圖斯二世被歐西德謨斯推翻，迪奧多圖斯王朝二世而終。蓋據波利庇烏斯的《歷史》[32]記載，前209/208年，當塞琉古帝國的安條克三世（Antiochus III，前222—前187年在位）進攻巴克特里亞時，當時的巴克特里亞統治者歐西德謨斯對安條克三世的使者Teleas説：

> 安條克試圖剝奪他的王國毫無道理,因爲他本人從未反抗國王,而是在他人反叛之後,他通過消滅其後裔才獲得了巴克特里亞的王位。(XI, 34)

由此可見,正是歐西德謨斯從迪奧多圖斯家族手中奪取了巴克特里亞王國。一般認爲,叛逆者的"後裔"乃指迪奧多圖斯二世。

一說歐西德謨斯一世篡位利用了希臘人對迪奧多圖斯二世聯合帕提亞人反對塞琉古的不滿情緒。[33] 另說迪奧多圖斯二世與阿薩息斯結盟是由於當時巴克特里亞業已爆發與歐西德謨斯之間的內戰,爲平息內亂,迪奧多圖斯二世纔不得不與阿薩息斯言和。但阿薩息斯似乎並沒有給予迪奧多圖斯二世有力支持,因爲巴克特里亞不安定對帕提亞來說是有利的。[34]

至於迪奧多圖斯王朝滅亡的年代,並無確鑿的證據。對此,學者間有種種說法,但大抵落在公元前230—前225年之間,亦即塞琉古帝國安條克三世即位前後。

I

最後,簡單介紹有關迪奧多圖斯王朝錢幣的研究,作爲前文的補充。

迪奧多圖斯王朝的錢幣研究聚焦於這一王朝有幾代國王。目前接受程度最高的說法如前所述:這一王朝二世而終。在公認爲迪奧多圖斯王朝的錢幣中，有一款以"安條克"名義發行的錢幣，這款錢幣的發行者被認爲是迪奧多圖斯一世。他以塞琉古帝國安條克二世的名義發行這種錢幣，而在錢幣的正面印上了自己的肖像。錢幣背面象徵塞琉古帝國的神祇阿波羅也換成了宙斯，因爲迪奧多圖斯的名字在希臘語中意指"宙斯的禮物"，儘管錢銘依舊是 ΒΑΣΙΛΕΩΣ ΑΝΤΙΟΧΟΥ（"安條克國王的"）。這是作爲巴克特里亞總督的迪奧多圖斯向脫離塞琉古帝國跨出的試探性一步。巴克特里亞真正的獨立直到其子迪奧多圖斯二世即位後才得以實現。換言之，希臘—巴克特里亞王國的獨立是通過這種漸進的方式實現的，是一個和平的過程。[35]

此說後來受到挑戰。[36]説者認爲迪奧多圖斯王朝可能有第三位國王，名安條克。安條克可能是迪奧多圖斯一世的另一個兒子，與迪奧多圖斯二世是兄弟。其人曾繼迪奧多圖斯二世之後統治希臘—巴克特里亞王國。此王之名不見於史籍，但曾發行過錢幣。此王可與歐西德謨斯王朝的君主阿加托克里斯（Agathocles，約前190—前180年在位）爲顯示其血統的高貴和統治的合法而發行的四德拉克馬"系譜"紀念幣中的 Antiochus Nicator 堪同。迪奧多圖斯被塞琉古帝國任命爲巴克特里亞總督，表明他可能和塞琉古王室有血緣關係，因而其子和塞琉古君主同名不足爲奇。

據云，1973年，當"迪奧多圖斯硬幣"和"安條克硬幣"一起在 Ai Khanoum 窖藏被發現時，"迪奧多圖斯硬幣"更爲破舊。這表明"安條克硬幣"的年代遲於"迪奧多圖斯硬幣"。以"安條克"名義發行的錢幣的年代應晚於迪奧多圖斯父子發行的錢幣，因而不太可能是王國獨立之前發行的錢幣，而應該是該王朝第三代國王發行的，發行錢幣的國王名爲"安條克"。他在繼承其兄的王位後以自己的名義發行了這些錢幣。目前僅通過錢幣才知道其存在的希臘統治者可以舉出許多，安條克並不是唯一的。

亞歷山大死後，其部將在各自的采邑中擁兵自重。他們也發行錢幣，但這類錢幣通常是在印有亞歷山大肖像的硬幣上加上自己的名字，而不是相反。很難認爲巴克特里亞人會僅僅依據特徵不清楚的肖像將這些硬幣與迪奧多圖斯一世聯繫起來。而在一些希臘化的王朝，比如托勒密王朝和 Attalids 後期諸王在他們的錢幣上或多或少地重複了這個王朝的第一任統治者的肖像。如果迪奧多圖斯二世硬幣上的肖像代表王朝的奠基人迪奧多圖斯一世的話，其繼承者安條克·尼卡托很可能會繼續采用這些肖像。

以上分歧自然導致關於迪奧多圖斯王朝統治者治期的見解不同：據前說，迪奧多圖斯一世的治期大約從公元前 255/250—前 235 年，迪奧多圖斯二世的治期大約從公元前 235—前 230/225 年。而據後說：迪奧多圖斯一世的治期大約從公元前 255—前 250 年；迪奧多圖斯二世的治期大約從公元前 250—前 240 年；安條克的治期大約從公元前 240—前 225 年。[37]

■ 注釋

1 一說在前三世紀五十年代，見 Grainger 2014, p. 177。

2　Sachs 1988, p. 345.

3　Musti 1986.

4　Lerner 1999, pp. 13-31.

5　Jones 1916-36.

6　一説阿薩息斯擺脫了迪奧多圖斯一世及其追隨者之控制云云可能意味著阿薩息斯試圖控制馬爾吉亞那，但被迪奧多圖斯一世擊退。見 Sidky 2000, p. 150。

7　YuTsh 2020.

8　或據斯特拉波的記述，認爲此時迪奧多圖斯一世的勢力已自巴克特里亞伸展到索格底亞那、瑪爾吉亞那和阿瑞亞。而斯特拉波稱阿薩息斯爲斯基泰人和巴克特里亞人，可以解釋爲 Parii 入侵瑪爾吉亞那，並被塞琉古帝國的巴克特里亞總督迪奧多圖斯擊敗的結果。換句話説，斯特拉波，或者他依據的資料，很可能混淆了阿薩息斯的"斯基泰起源"與他被塞琉古帝國的巴克特里亞總督擊敗，以及他隨後從"巴克特里亞"到帕提亞的遷徙。見 Lerner 1999, pp. 13-14。今案：此説推衍過度。

9　或以爲斯特拉波稱巴克特里亞叛離塞琉古帝國由歐西德謨斯發動是錯誤的；或以爲"敘利亞和米底"爲塞琉古帝國的代稱；或以爲國王們處理其他事務云云，乃指塞琉古二世和其兄弟 Antiochus Hierax 之間的戰爭，所謂"兄弟之戰"；見 Musti 1986; Sidky 2000, pp. 141-143 等。

10　此事之前因後果見 Grainge 2014, pp. 186-199。

11　Dittenberger 1903-05 (OGIS 54), pp. 83-88; BCHP 11.

12　Watson 1853.

13　Stasanor，塞浦路斯（Cyprus）人，原亞歷山大軍官，曾任 Aria、德蘭癸亞那等地總督。

14 不少學者，如 Debevoise 1938, p. 9; Narain 1957, p. 13 等，以爲帕提亞揭叛旗應在前 250 年。

15 Saint-Martin 1850, i, pp. 267-271; ii, pp. 249-252.

16 多數學者認爲時在前 245 年，如 Schippmann 1986 等，並無確據。

17 Ancyra 一役一説發生在公元前 237 年，Grainger 2014, p. 195。

18 Freese 1920, pp. 54-55. 亦見 Arrian "Parthica", FGrH 156: Arrianus, "Parthica" [30]-[31]。

19 "波斯叛亂"乃指安條克二世任命的帕提亞總督叛離塞琉古帝國。"波斯人"應指帕提亞督區的波斯人。

20 Anonymity 1814; Ridley 1982.

21 Dindorf 1829, p. 359 (vol. 1, p. 676); Adler 2002, p. 412 (= p. 343).

22 阿薩息斯所殺，據查斯丁爲 Andragoras，據佛提烏斯爲 Pherecles，據辛斯勒爲阿加托克里斯。一般認爲三者是同一人。或以爲三位史家所傳應是三位總督，或者先後任塞琉古帝國帕提亞總督，均有與游牧人打交道的經歷，以至以訛傳訛，見 Grainger 2014, p. 196。今案：三者名字截然不同，確實很難指爲同一人，不過，阿薩息斯所殺只可能是其中某一人。既然三者之中僅 Andragoras 一人有錢幣傳世，且其名見諸 Gurgan 銘文；不如相信查斯丁關於龐培・特羅古斯著作的摘要。另，阿加托克里斯錢幣見於所謂"阿姆河寶藏（Oxus treasure）"，見 Barnett 1968。關於 Gurgan 銘文見 Bivar 1983(1); Bivar 1983 (2)。

23 阿加托克里斯應爲波斯人，見 Frye 1985。

24 此則似乎訛誤不少：阿薩息斯沒有擔任過巴克特里亞總督，兄弟倆一起擔任巴克特里亞總督更沒有可能。阿加托克里斯不是什麼波斯州長（Persian eparch），而是帕提亞總督。又，此處 eparch 等於 satrap。

25　White 1962.

26　實際上，Laodice 直至前 236 年依舊在世。

27　Rolfe 1956.

28　據 Justin (XLI, 1)，"在斯基泰語中，流放者被稱爲 parthi"。

29　Lerner 1999.

30　Holt 1999, p. 101.

31　Holt 1999, pp. 55-62.

32　Shuckburgh 1962.

33　參看 Tarn 1951, pp. 73-74。

34　Holt 1999, pp. 105-106.

35　最早區分迪奧多圖斯一世和二世錢幣的是 Bopearachchi 1991。更爲詳盡的研究見於 Kovalenko 1996; Holt 1999, pp. 87-125, 139-171，他們具體論述各不相同。其中，Holt 擁有的資料庫最大，有 268 枚金幣和銀幣，其結論也被更多的人接受。

36　Jakobsson 2010.

37　後說得到一些學者的肯定，但也遭到質疑。質疑者認爲它既沒有得到類型學的支持，也沒有得到文獻資料的支持，也沒有對希臘—巴克特里亞造幣廠所採用花押做出嚴格和科學的解讀。參看 Bordeaux 2012。

六　希臘—巴克特里亞王國歐西德謨斯王朝史述要

A

　　希臘—巴克特里亞王國的迪奧多圖斯王朝兩世而亡，該王國的第二個王朝是歐西德謨斯王朝，創始人史稱歐西德謨斯一世。

　　關於歐西德謨斯一世的事蹟，僅見於波利庇烏斯的《歷史》[1]和斯特拉波的《地理志》[2]等少數典籍。後者涉及歐西德謨斯一世參與迪奧多圖斯一世（Diodotus I，約前255—前235年在位）揭叛旗的過程，前者敘說了塞琉古帝國安條克三世東征希臘—巴克特里亞王國的大致過程。[3]學者多試圖通過推敲這些簡略的記載，瞭解歐西德謨斯一世本人及其治下的希臘—巴克特里亞王國。爲方便起見，我們先臚列波利庇烏斯的有關記載如下：

　　　　消息傳來，歐西德謨斯和他的軍隊正在塔普瑞亞，一萬騎兵在他正前方守衛著Arius河的渡口。安條克決定放棄圍攻，面對新的敵情。與該河相去三天行程，他以中等行軍速度走了兩天，但到第三天，他命令其餘的軍隊在拂曉時離開他們的營地，而他本人及其騎兵、輕裝兵和一萬名步兵，夜間出發，快速前進。因為他聽說敵人的騎兵白天在河岸上守備，但晚上退到一個20斯臺地遠的城市去了。由於騎兵很容易越過平原，他在夜間走完了剩餘的路程，並使大部分兵力在天亮時成功渡河。

當他們的偵察員報告了這一情況，巴克特里亞騎兵就衝上來和仍在行進中的敵人交戰。國王知道必須頂住敵人的第一波衝鋒，於是召集了兩千名貼身護衛自己的騎兵，而命令其餘的人組成他們的連隊和中隊，按往常的順序各就各位，他帶著兩千名騎兵前去迎擊巴克特里亞的前鋒。在這次戰鬥中，安條克自己似乎比其他任何人都打得更英勇。雙方損失慘重，但國王的騎兵擊退了第一個巴克特里亞軍團。然而，當第二個和第三個出現的時候，他們遇到了困難，最糟糕的情況出現了。就在這時，Panaetolus命令他的部下前進，會合了國王及其護衛，迫使正在追逐他們的巴克特里亞人陷入混亂，從而掉轉馬頭，倉皇逃跑。受Panaetolus逼迫，巴克特里亞人不停地逃跑，死者過半，直至再度與歐西德謨斯會合。國王的騎兵殺了許多敵人，俘虜了許多人，撤退了，首次在河畔扎營。在這場戰鬥中，安條克的馬被刺死了，他自己口中受傷，掉了幾顆牙。在這場戰鬥中，他的勇氣比其他任何一次都要大。

戰鬥結束後，歐西德謨斯膽戰心驚，他和他的軍隊一起退到了巴克特里亞的Zariaspa城。(X, 49)

接著，波利庇烏斯記載了面對爲調停帕提亞和巴克特里亞衝突而奔走的 Teleas 時歐西德謨斯時的表現：

> 因爲歐西德謨斯本人是馬格尼西亞（Magnesia）土著，面對 Teleas，他爲自己辯護道，安條克試圖剝奪他的王國毫無道理，因爲他本人從未反抗國王，而是在他人反叛之後，他通過消滅其後裔才獲得了巴克特里亞的王位。
>
> 他按照這一意思說了很多話後，懇求 Teleas 以友好的方式在他們之間調停，促成和解，使安條克不要嫉妒他的名聲和王位，如果他不屈從這一請求，他倆都不會安全；因爲有相當多的遊牧人正在逼近，這不僅對他倆都是嚴重的危險，而如果他們同意接納這些遊牧人，國家肯定會重新陷入野蠻狀態。
>
> 說完這些話，他就讓 Teleas 去見安條克。收到 Teleas 的報告時，國王正在尋找問題的解決方案，由於上述原因，他欣然同意和解。Teleas 不止一次地往返於兩位國王之間，最後歐西德謨斯派遣兒子德米特里厄斯去簽署該協議。安條克接待了這個青年人，從他的外貌、談吐、舉止端莊等方面判斷他配得上王位，首先答應嫁給他一個女兒，接著又許其父稱王。安條克還就其他問題訂立了書面條約、並宣誓結盟後，他離開了，爲他的軍隊提供了大量的糧食，並新增了原屬於歐西德謨斯的大象。……（XI, 34）

塞琉古帝國安條克三世登基後渴望收復其東部叛離諸總督轄地，

於是發動東征。約前220年，他首先戰勝了米底總督莫隆（Molon）和米底一個地方性的統治者阿塔巴扎訥斯（Artabazanes）。之後，他回到敘利亞，處理國務。前212年左右，他再次揮師東征。這一次他的目標是亞美尼亞。他成功獲得亞美尼亞王子Xerxes等人的效忠，並且指派自己的將軍管理這一地區。約前210年秋天，他又一次踏上征途，目標是收復帕提亞和赫卡尼亞兩處總督轄地，以及裏海以南的Comisene和Choarene地區，當時上述地區均在帕提亞帝國阿薩息斯二世治下。安條克三世從埃克巴塔那出發，向帕提亞首府Hecatompylus挺進。帕提亞人試圖破壞沿途水井加以阻撓，未果。安條克三世抵達Hecatompylus後，繼續追擊阿薩息斯二世，在Sirynx城附近的Tambrax城安營。阿薩息斯二世不敵乞降。最後，阿薩息斯二世承認安條克三世爲宗主，雙方停戰。在此基礎上，安條克三世開始針對他東征的最後一個目標——巴克特里亞。[4]

不難看出，作者是從安條克三世東征的角度敘述這一事件的，因而有關歐西德謨斯一世一方的情況語焉不詳。以下則以歐西德謨斯一世爲中心就有關問題略做討論。

1. 希臘—巴克特里亞王國的改朝換代——歐西德謨斯的篡位。

上引波利庇烏斯《歷史》（XI, 34.2）清楚地說明，正是歐西德謨斯一世推翻了迪奧多圖斯王朝，篡奪了王位。他殺死的反叛者後裔，應該就是迪奧多圖斯二世（Diodotus II）。至於其年代，並無確鑿的證據。對此，學者間有種種說法，但大抵落在公元前

230—前 225 年之間，亦即塞琉古帝國安條克三世即位前後。

或舉斯特拉波《地理志》以下記載：

> 但是，當 Taurus（山脈）以外地區試圖變革時，由於擁有這些地區的敘利亞和米底的國王們正忙於處理其他事務，那些受任方面者便率先發動了巴克特里亞及其附近整個地區的叛亂——我指的是歐西德謨斯及其追隨者；然後是斯基泰人阿薩息斯，他和一些 Däae 人（我指的是 Aparnia 人，即沿 Ochus 河遊牧的 Aparnia 人）一起入侵並征服了帕提亞。……（11.9.2）

指歐西德謨斯的篡位與前 222—前 220 年米底總督莫隆的叛亂同時發生，因而歐西德謨斯一世的篡位時間可定在前 221 年。[5] 今案：此說未安。

一則，"那些受任方面者便率先發動了巴克特里亞及其附近整個地區的叛亂"云云，顯然是指巴克特里亞首次脫離塞琉古帝國而獨立，而不可能指歐西德謨斯一世的篡位。[6]

二則，至於"Taurus 以外地區試圖變革"云云，儘管有不同解讀，但不可能指莫隆之叛。莫隆不過是米底總督，不該被稱爲"國王"。莫隆的叛亂至前 220 年便被平定，沒有關於他稱王的記載，也沒有他發行的錢幣傳世。雖然波利庇烏斯曾說，莫隆治下的米底"可以稱得上是一個王國"（V, 45.1），但波利庇烏斯亦載，莫隆揭叛旗後，安條克三世的權臣 Hermeias 派遣將軍 Xenoetas

(Achaea 人）往討莫隆時說："打擊叛徒們是將軍們的事情，與國王們作戰才是國王自己的事情。"（V, 45.6）這清楚地表明，莫隆一度勢力浩大，卻並未稱王。斯特拉波所謂"敘利亞和米底的國王們"與莫隆無涉。

另外，歐西德謨斯一世在發行錢幣上展示其肖像有老、中、青三種形象，錢幣學家都據以推斷歐西德謨斯一世在位的年代。今案：諸說以推測爲主，難以視作定論。[7]

2. 篡位者歐西德謨斯一世的身份。

波利庇烏斯對此沒有提及，似乎表明歐西德謨斯的身份並無特殊之處。在篡奪王位前，他應爲迪奧多圖斯王朝的官員。但有研究者們提出了種種看法，或指歐西德謨斯爲塞琉古帝國索格底亞那的總督[8]，或指爲迪奧多圖斯二世任命的馬爾吉亞那和阿瑞亞總督[9]；凡此均能給人以啓迪，可惜均無確據。

今案：上引斯特拉波《地理志》（XI, 9.2）足以表明，歐西德謨斯一世極可能曾在塞琉古帝國巴克特里亞總督迪奧多圖斯一世手下任職，在巴克特里亞脱離塞琉古帝國而獨立的過程中扮演了重要角色。嗣後，他成了希臘—巴克特里亞王國迪奧多圖斯王朝的重臣。也就是說，並不像他自己所撇清的那樣，對於巴克特里亞叛離塞琉古帝國完全是無辜的。質言之，斯特拉波的記載表明，歐西德謨斯一世是希臘—巴克特里亞王國叛離塞琉古帝國獨立的操盤手。正是這樣一位舉足輕重的人物，在迪奧多圖斯一世去世後才有足夠的力量篡奪迪奧多圖斯二世的王位。[10]

一說歐西德謨斯一世的篡位利用了希臘人對迪奧多圖斯二世

聯合帕提亞人反對塞琉古帝國的情緒。[11] 另說迪奧多圖斯二世與阿薩息斯一世結盟是由於當時巴克特里亞業已爆發與歐西德謨斯一世之間的鬥爭，爲平息內亂，迪奧多圖斯二世纔不得不與阿薩息斯一世言和。但阿薩息斯一世似乎並沒有給予迪奧多圖斯二世有力支持，因爲巴克特里亞被削弱於帕提亞有利云云。[12]

今案：兩說均有理據，惜乏實證。歐西德謨斯一世既係王國權臣，乘老王去世，新王孱弱之際篡位，如此而已。

3. 歐西德謨斯的籍貫。

波利庇烏斯有明確記載：歐西德謨斯係馬格尼西亞人。關於馬格尼西亞的地望，主要有三說：一、Ionia 的 Magnesia[13]；二、Lydia 的 Magnesia ad Sipylum[14]；三、Thessaly 的 Magnesia[15]。今案：諸說均無確據，姑置勿論。[16]

與此相關的一個問題是，有學者指出，波利庇烏斯所述，爲促成歐西德謨斯一世和安條克三世締結和約而在雙方之間穿梭的 Teleas 其人應是歐西德謨斯一世的同鄉。[17] 今案：這一可能性不能排除。否則，波利庇烏斯在此處提及歐西德謨斯一世之籍貫未免顯得突兀。

不管怎樣，通過波利庇烏斯的記載，我們得以獲悉希臘—巴克特里亞王國第二王朝的創始人歐西德謨斯一世的情況如下：他是希臘的馬格尼西亞人，曾在塞琉古帝國的巴克特里亞總督迪奧多圖斯一世手下任職，在迪奧多圖斯一世叛離塞琉古帝國的過程中起了決定性作用，因而成爲王國權臣。迪奧多圖斯一世去世後，他推翻了其繼承人迪奧多圖斯二世，自立爲王。至於其篡位的動機，目前只能說是出於個人野心。

4. 前 209/208 年，安條克三世東征巴克特里亞和歐西德謨斯一世的抗戰。

這次戰爭可分爲前後兩個階段。第一階段是歐西德謨斯一世試圖在 Arius 河畔抵抗安條克三世。雖然他麾下有 10,000 名騎兵，但被打敗，退回首都巴克特拉（即 Zariaspa 城，詳下）。第二階段是巴克特拉的攻守戰。最後以雙方議和結束。

就第一階段而言，主要涉及以下兩個問題：

a. 關於雙方交戰的地點。

據波利庇烏斯記載，在歐西德謨斯一世登場之前，安條克三世正在圍攻一座城市，其確切地點無從得知，但大致在 Arius 河之西。此際，他獲悉歐西德謨斯一世率軍抵達 Tapuria，守住了 Arius 河的渡口；而安條克三世離開這些渡口有三天行程。

關於 Tapuria（Ταπουρίαν）一名，學者一致認爲其實是 τὰ Γουρίανα 之訛，應予校正。[18] 而 Γουρίανα 的地望則有兩説，一説 Gouriana（Guriana）位於阿瑞亞（Aria），在今赫拉特（Herat）Hari-rud（Arius）河畔。[19] 另説 Gouriana 位於馬爾吉亞那，在 Arius 河之東、往赴巴克特拉的途中。托勒密（Claudius Ptolemy，約公元 100—170 年）《地理志》（*Geography*, VI, 10.4）載馬爾吉亞那有 Guriana（Gouriana）城。[20] 今案：兵無常勢，兩説皆可通。後説似較勝，蓋有托勒密《地理志》爲證。

b. 歐西德謨斯一世在 Arius 河戰敗後，退至 Zariaspa 城堅守。

Zariaspa 城應即當時希臘—巴克特里亞王國的都城巴克特拉，

巴克特拉之所以得名 Zariaspa，是因爲這個城市乃瑣羅亞斯德教的中心，是瑣羅亞斯德（Zoroaster）最初傳教的地方，也是他去世的地方。這一名稱也許得自該處祆廟——Azar-i-Asp。[21]

今案：歐西德謨斯一世堅守都城以抵抗塞琉古帝國大軍的進攻，合情合理。

不管怎樣，歐西德謨斯一世在 Arius 河東試圖擋住安條克三世的軍隊，但安條克三世連夜進軍，拂曉渡河，迎戰歐西德謨斯一世。激戰之餘，歐西德謨斯一世敗績，退至首府巴克特拉。

就第二階段而言，主要涉及以下幾個問題：

a. 歐西德謨斯一世成功抵抗了安條克三世的圍攻，一般認爲這場攻守戰歷時二或三年（前 209/208—前 206）。前 206 年左右雙方議和，安條克三世將他的一個女兒嫁給歐西德謨斯一世之子，即後來的德米特里厄斯一世。安條克三世則得到了歐西德謨斯一世的戰象和糧草。

今案：雙方成功議和主要有以下三個因素：

首先，是歐西德謨斯一世顯示了他的實力。在經受長期圍攻之後，歐西德謨斯一世還能有糧草和戰象"慰勞"塞琉古軍隊，足見其實力可觀。而頓兵堅城之下，兵家之忌，安條克三世應該知道，無法速勝，不如體面退兵。

其次，其西部未必穩固。不僅新征服的地區有待鞏固，老對手托勒密王朝也不可不防。安條克三世滯留在外，朝中亦難免生事。何況安條克三世征服印度的戰略意圖尚未實施。

其三，歐西德謨斯一世所言不虛，遊牧人入侵的可能性確實存在。若雙方打個你死我活，兩敗俱傷，遊牧人必定覺得有機可乘。一個被打趴下的巴克特里亞王國是沒有力量抵擋遊牧騎兵衝擊的，而在征服巴克特里亞之後，安條克三世肯定也無力隨即面對遊牧人的入侵。

b. 議和後巴克特里亞王國的地位 —— 是否淪爲塞琉古帝國的屬國。

師老兵疲，加上北方遊牧部族可能的威脅，也許還有後方的種種問題，終於迫使安條克三世不得不接受歐西德謨斯一世割據或巴克特里亞獨立的現實。但是，從歐西德謨斯一世取出大量糧草犒勞塞琉古軍隊，尤其是被安條克三世牽走不少戰象的情況來看，歐西德謨斯一世接受的還是一個帶有屈辱性條款的和約。安條克三世同意歐西德謨斯一世稱王，有其屈從現實、承認歐西德謨斯一世的實力的一面，另一面顯然是以宗主自居，擺出了裂土分封的架勢。換言之，至少在安條克三世的心目中，和此前被他征服的帕提亞等一樣，巴克特里亞只是塞琉古帝國的一個屬國。[22] 儘管我們無法確知和約的內容，但不難設想，其中列有歐西德謨斯一世按期進貢的條款。

c. 有學者指出，安條克三世發動東征時，帕提亞和巴克特里亞之間的外交關係惡化，以致兩者被迫分頭抵抗安條克三世的進攻。雖然導致這一關係破裂的原因不得而知，但可以推斷類似於阿薩息斯一世和迪奧多圖斯一世時期帕提亞和巴克特里亞之間的敵對關係已重新恢復。[23]

今案：一則，帕提亞和巴克特里亞的和約是阿薩息斯一世和迪奧多圖斯二世締結的，締約一方既已改朝換代，阿薩息斯二世和歐西德謨斯一世都已經沒有遵守的義務。二則，與帕提亞締約的是迪奧多圖斯二世，阿薩息斯二世敵視篡奪迪奧多圖斯二世王位的歐西德謨斯一世的可能性不能排除。三則，歐西德謨斯一世可能的希臘人立場樂見帕提亞崩潰。四則，安條克三世進攻帕提亞勢如破竹，歐西德謨斯一世自顧不暇，何來力量支援帕提亞？

要之，當安條克三世打得帕提亞的阿薩息斯二世無法還手時，曾與帕提亞有過和約的希臘－巴克特里亞王國卻袖手旁觀，終於被安條克三世各個擊破。

5. 歐西德謨斯一世治下希臘－巴克特里亞王國的領土範圍。

具體而言，除巴克特里亞本部外，是否包括索格底亞那、馬爾吉亞那和阿瑞亞三者。一說在安條克三世東征之前，歐西德謨斯一世的領土範圍已經包括索格底亞那和馬爾吉亞那，很可能還有阿瑞亞。[24]

對於上述問題，特別對馬爾吉亞那和阿瑞亞，學者們有種種說法。如：一說歐西德謨斯一世在迪奧多圖斯一世治期是馬爾吉亞那的總督，迪奧多圖斯二世繼位後，阿瑞亞也成了他的領地。[25] 質言之，歐西德謨斯一世治下的希臘－巴克特里亞王國領有馬爾吉亞那和阿瑞亞。也有人相信阿瑞亞早在安條克二世（Antiochus II Theos，前261－前246）時期已經歸屬希臘－巴克特里亞王國。[26] 另說阿瑞亞歸屬希臘－巴克特里亞王國是在前187－前184年，歐西德謨斯一世之子德米特里厄斯一世治期[27]，等等。遺憾的是，各種說法無非推測而已。

今案：根據安條克三世和歐西德謨斯一世之間這場戰爭的規模和戰場的位置，戰前希臘—巴克特里亞王國領有馬爾吉亞那和阿瑞亞的可能性不能排除。但應指出，戰時雙方兵力的部署和進退不能以常理推測，無論 Tapuria 位於馬爾吉亞那還是阿瑞亞。

至於索格底亞那，斯特拉波只是籠統地説巴克特里亞人"還控制了索格底亞那"（XI, 11.2），不清楚這所謂"控制"是從迪奧多圖斯一世開始，還是從歐西德謨斯一世開始，也不清楚這"控制"的程度，是徹底的兼併，還是役使之。另外，是否如某些學者所説，在歐西德謨斯一世戰敗後，索格底亞那便脫離了希臘—巴克特里亞王國的控制[28]，也不得而知。

6. 歐西德謨斯一世的末年。

在希臘—巴克特里亞王國西部，今塔吉克斯坦的 Kuliab 地區曾發現一篇年代爲前 200—前 195 年的銘文，事涉歐西德謨斯一世父子。[29] 兹全録該銘以結束前文：

> 在宙斯的林木蔥蘢的果園裏，Heliodotos 向最可敬的女神、眾神中赫赫有名的 Hestia 奉上這座芬芳的祭壇；他奠酒獻祭，使最偉大的國王歐西德謨斯及其兒子，即光榮的、戰無不勝的、卓越的德米特里厄斯，得以藉助 Tyche（命運女神）之神恩，免除一切痛苦。[30]

一個名爲 Heliodotos 的希臘人，爲 Hestia（竈臺女神）奉獻了一座拜火祭壇。雖然銘文同時頌揚歐西德謨斯一世父子，但是並不表明其時歐西德謨斯一世尚未去位。銘文鐫刻之時正值歐西德謨斯一世去世亦未可知，"痛苦"或指歐西德謨斯一世去世之事，亦即歐西德謨斯一世有可能在前 200 或前 195 年去位。

B

1. 歐西德謨斯一世由其子德米特里厄斯一世繼位。關於德米特里厄斯一世的經歷，除前引波利庇烏斯所述，他受父命出面與安條克三世和談外，主要就是斯特拉波《地理志》關於他征戰印度的記載：

　　……據 Artamita 的 Apollodorus 記載，憑藉這一地區（案：指巴克特里亞）的富庶和優勢，揭叛旗的希臘人變得如此強大，他們不僅成了阿瑞亞那（Ariana）的主人，而且成了印度的主人。其中，尤其是彌蘭（如果他確實跨過 Hypanis 河[31]向東抵達 Imaüs[32] 的話），他征服的部族比亞歷山大征服的還多。除彌蘭（Menander）親自征服者外，另一些部落則由巴克特里亞王歐西德謨斯之子德米特里厄斯征服。他們不僅佔領了 Pattalene，還佔領了海岸其餘部分，即所謂 Saraostus 和 Sigerdis 王國。總之，如 Apollodorus 所說，Bactriana 使整個阿瑞亞那流光溢彩。他們拓展其帝國甚至遠抵賽里斯（Seres）和 Phryni。（XI, 11.1）

這是有關德米特里厄斯一世南征印度唯一明確的記載。

斯特拉波的注意力聚焦於地理形勢，對於政治進程未嘗措意，所述巴克特里亞王國和德米特里厄斯一世的事跡極爲籠統。譬如，"揭叛旗的希臘人變得如此强大"云云，不清楚究竟是指迪奥多圖斯王朝，還是指歐西德謨斯王朝。客觀上，統治整個阿瑞亞那（即阿瑞亞），應該是希臘—巴克特里亞王國前後兩個王朝的成就。儘管如此，透過他漫不經心的敘述，我們還是能够得到若干較爲重要的啓示：

一則，既然没有迪奥多圖斯王朝征服印度的記録，則希臘人成爲印度的主人應始自歐西德謨斯王朝。上引 Heliodotos 銘文稱德米特里厄斯"戰無不勝"應該是指他入侵印度的戰績。

二則，斯特拉波説彌蘭征服的部族比亞歷山大征服的還多，又説另一些部族是由德米特里厄斯一世征服。彌蘭是德米特里厄斯一世麾下將軍，按理説，彌蘭所征服者理應歸諸德米特里厄斯一世。而此處斯特拉波將兩者加以區分，並將彌蘭的名字置於德米特里厄斯一世之前，似乎暗示以下三點：

a. 彌蘭和德米特里厄斯一世應該是分頭行動。也就是説，德米特里厄斯一世和彌蘭入侵印度是兵分兩路，二者各率一軍。

b. 彌蘭和德米特里厄斯一世很可能不是同時出發，彌蘭在前，德米特里厄斯一世繼後。

c. 所謂彌蘭征服者不僅包括彌蘭作爲德米特里厄斯一世部將時所征服者，也包括德米特里厄斯一世去世之後被彌蘭征服者。

三則，"他們不僅佔領了 Pattalene（指整個印度河三角洲地區），還佔領了海岸其餘部分，即所謂 Saraostus[33] 和 Sigerdis[34] 王國"云云，乃指德米特里厄斯一世親率的一路，兵鋒直抵印度河口，堪稱南路軍。而"跨過 Hypanis 河（今 Beas 河）向東抵達 Imaüs（Himalayas）"的一軍則以彌蘭爲帥，堪稱東路軍。

至於 Apollodorus 所說，希臘—巴克特里亞王國東向拓展其疆域直抵賽里斯（Seres）和 Phryni 云云，似乎並非專指該王國某一王朝，不妨理解爲整個王國的成就，姑置勿論。

2. 德米特里厄斯一世開始入侵西北印度的具體年代不得而知，似乎可以認爲其時普什亞米特拉·巽伽（Pushyamitra Shunga，約前 185—前 149 年在位）業已推翻孔雀王朝，建立了巽伽王朝（約前 185—前 78）。[35] 這是因爲考慮到德米特里厄斯一世勞師遠征，塞琉古帝國並未出兵阻攔，也沒有進攻巴克特里亞本部，簡直可謂樂觀其成。這可能是因爲孔雀王朝曾與塞琉古帝國聯姻結盟的緣故。

孔雀王朝曾與塞琉古帝國聯姻，事見《未來往世書》（*Bhavishya Purana*）第一章（Biblical and Modern History）：

> Buddha-simha 之子爲旃陀羅笈多。旃陀羅笈多娶 Pausasa 希臘王 Suluva（= Seleucus I Nicator）之女，因而他使佛教徒與希臘人平安相處。他統治了 60 年。旃陀羅笈多之子爲 Vindusara。Vindusara 治期和其父相髣髴。Vindusara 之子爲阿育王（Ashoka，前 268—前 232 年在位）。

這也可從斯特拉波《地理志》的記載間接得知：

> 這些部落的地理位置如下：印度河沿岸是 Paropamisadae 人，在他們之後是 Paropamisus 山脈，在他們南邊是阿拉霍西亞（Arachoti）人；緊接著向南又是伽德羅西亞（Gedroseni）人和居住在海邊的其他部落。印度河沿著所有這些部落的地區流過，這些地區部分位於印度人居住的印度河兩岸，但它們從前屬於波斯人。亞歷山大從阿瑞亞人手中奪取了這些地區，建立了自己的居民點。但是，塞琉古‧尼卡托（Seleucus Nikator）把這些地區交給了旃陀羅笈多（Sandrocottus 即 Chandragupta）作為通婚的禮物，交換了 500 頭大象。（XV, 2.9）

嗣後，旃陀羅笈多之孫阿育王在他在位第十七年（前 250）、主持完成佛教第三次結集後，又曾遣僧侶為使抵達希臘人佔領區以及塞琉古帝國，事見巴利語史詩《大史》（*Mahāvaṃsa*）[36]：

> 當征服者（指阿育王）宗教信仰的啓蒙者、高僧摩嘎利子帝思（Moggaliputta，目犍連子帝須）結束第三次結集時，展望未來，他見證了這一宗教在鄰國的創立。於是，在 Kattika 月，他向各地派出高僧。他派遣尊者末闡提（Majjhantika）到 Kasmīra 和 Gandhāra，派遣尊者摩訶提婆（Mahādeva）到 Mahisamaṇḍala（摩醯婆末陀羅）。他派遣尊者勒棄多（Rakkhita）到 Vanavāsa（婆那婆私），派遣臾那人（Yona）尊者曇無德

(Dhammarakkhita）到 Aparantaka（Aparānta，阿波蘭多迦）[37]，派遣尊者摩訶曇無德（Mahādhammarakkhita）到 Mahāraṭṭha（摩訶勒吒），但是派遣尊者 Mahārakkhita（摩訶勒棄多）到臾那人的國土。……（XII.1）[38]

既然孔雀王朝曾與塞琉古人聯姻，所謂"臾那人（即希臘人）的國土"無疑指塞琉古帝國。

另外，在戰勝希臘—巴克特里亞王歐西德謨斯一世并迫使他訂立城下之盟後，安條克三世亦曾越過興都庫什山南下。蓋據波利庇烏斯《歷史》：

> 他（安條克三世）越過高加索山（興都庫什山），南下印度，更新了他與印度國王 Sophagasenus 的盟約。在此，他獲得了更多的象，致使他的象軍總數達到了 150 頭。在給軍隊又分發了糧草之後，這位國王率軍出發，離開了 Cyzicus 的 Androsthenes，去收集印度王曾同意支付的財寶。（XI, 34）

Sophagasenus 於史籍中僅此一見。一般認爲，其時孔雀王朝業已衰落，Sophagasenus 應該是一個割據者，勢力範圍在 Paropamisadae（Parapamisadae）一帶。

今案：安條克三世與 Sophagasenus 更新盟約云云，所指似乎是塞琉古一世和旃陀羅笈多之間的舊約。果然，則安條克三世並沒有僅僅將他視作一個諸侯。具體情況，因史料保持沉默，不得而知。不管怎樣，由此可見，孔雀王朝和塞琉古帝國淵源頗深，而德米特里厄斯一世出兵印度，固然存在其本身的動機和目的，但對於塞琉古帝國而言，至少在客觀上，德米特里厄斯一世南征有爲孔雀王朝復仇的作用。也許正因爲如此，塞琉古人坐視（或樂見）德米特里厄斯征討印度。

3. 有關德米特里厄斯一世進軍印度的具體過程，沒有直接的材料。我們只能根據一些材料間接推得。這些資料中，爲一般認可的首推 Charax 的伊西多爾（Isidorus）（公元前一世紀—公元一世紀之間）所著《帕提亞驛程誌》[39] 的記載：

> 然後是阿拉霍西亞區，其地延伸三十六索伊諾伊，帕提亞人稱之爲"白印度"，有 Biyt 城、Pharsana 城，以及 Chorochoa 城和 Demetrias。然後是希臘都市阿拉霍西亞的首府即亞歷山大洛波利斯城，Arachotus 河流經其旁。至此均爲帕提亞王國統轄的領域。（第 19 章）

其中提到的"Demetrias"城可視爲德米特里厄斯一世所建，這也是德米特里厄斯佔領阿拉霍西亞的證據。這屬於前述南路軍佔領區。

一說，德米特里厄斯一世在阿拉霍西亞建造了一座以他自己的名字命名的城市，等於宣告獨立，表明此時巴克特里亞已經不再是塞琉古帝國的屬國。[40] 今案：德米特里厄斯建立新城，以自己的名字命名，恐怕最主要的象徵意義在於宣告佔領區的主權歸屬。這與亞歷山大東征過程中到處建立亞歷山大城的初衷相髣髴。當然，客觀上也向塞琉古帝國展示了自己的實力。

既然孔雀王朝和塞琉古帝國之間有著聯姻關係，而當德米特里厄斯一世南征印度時，孔雀王朝已被巽伽王朝取代，德米特里厄斯一世的南征則未必有向塞琉古帝國示威的意思。須知，上述阿拉霍西亞曾是希臘人聚居之地，後歸孔雀王朝統治。德米特里厄斯一世應該是從巽伽王朝手中奪取這一地區的。

或以爲，德米特里厄斯一世在南征時從塞琉古帝國手中奪取了三個督區：阿瑞亞、阿拉霍西亞和塞斯坦。蓋後來歐克拉提德斯一世（Eucratides I）篡位受到來自阿拉霍西亞人、德蘭癸亞那人、阿瑞亞人的阻力，説明當時這些地區均忠於歐西德謨斯王朝。當塞琉古安條克三世東征時，歐西德謨斯一世在 Arius 敗績，退守其都城巴克特拉，上述這些地區均應歸順塞琉古帝國。當歐克拉提德斯一世篡位時，這些地區一致站到了其對立面，説明當時已是希臘—巴克特里亞王國的領土。[41]

今案：這不失爲一説。但似乎還有另一種可能：當安條克三世和歐西德謨斯一世簽約撤軍時，將阿瑞亞（可能還有馬爾吉亞那）歸還歐西德謨斯一世。這樣説的理由是，安條克三世不僅認可歐西德謨斯一世稱王，而且將其女嫁給其子德米特里厄斯一世爲妻，歸還其失地以示宗主之德、姻親之誼乃題中應有之義。何況，一個衰落的巴克特里亞，不可能抵擋來自錫爾河北岸的遊牧部族，這也是安條克三世必須考慮的——這正是他和歐西德謨斯一世締結和約的主因。

至於位於興都庫什山南的阿拉霍西亞等地，當德米特里厄斯一世南征時，未必在塞琉古帝國治下。德米特里厄斯一世進軍印度，很可能是打著爲塞琉古帝國的姻親孔雀王朝復仇的旗號，不太可能將屬於塞琉古帝國的領土佔爲己有。德米特里厄斯一世在阿拉霍西亞建立一座以自己的名字命名的城市，某種意義上也是塞琉古帝國的成功，因爲其父業已受安條克三世冊封。

4. 德米特里厄斯一世在南下佔領阿拉霍西亞之前，還佔領了奢羯羅（Sagala）[42]。證據見諸托勒密《地理志》："奢羯羅城也叫Euthydemia。"（7.1）[43] 此城可視作德米特里厄斯一世所建，以其父名命名。既然佔領奢羯羅，則乾陀羅、呾叉始羅（Taxila）亦應被征服。

因此，一般認爲，德米特里厄斯一世親自征服了今巴基斯坦的大片地區。

C

除斯特拉波《地理志》、伊西多爾《帕提亞驛程志》和托勒密《地理志》外，還有若干印度記錄與希臘—巴克特里亞王國歐西德謨斯王朝入侵印度有關：

1. 與普什亞米特拉·巽伽同時代的語法學家鉢顚闍利（Patañjali，約前 150）在《大疏》（*Mahābhāsya*）一書中，爲說明以未完成時態表示最近發生之事，舉了兩個例子：

> 臾那人正圍攻 Sāketa（即 Ayodhya）。
>
> 臾那人正圍攻 Mādhyamika（即 Nagarī，在 Rājputāna 的 Chitor 附近）。⁴⁴

説者以爲這表明臾那人和此時統治"中國"（Midland Country，指北印度中部地區）的巽伽王朝之間的衝突。⁴⁵ 今案：以上兩地相去甚遠，前者屬於東路軍的進攻目標，後者屬於南路軍的進攻目標。語法學家信手拈來，無非是説明語法現象的需要。我們無從據此確知臾那人這些軍事行動的具體情況。

2. 鉢顛闍利還曾提及在 Sauvīra 王國（印度河下游河谷）有城名 Dattāmitri，係 Dattāmitra 所建。⁴⁶（Bk. iv, Ch. II, §76, p. 725）在《摩訶婆羅多》（*Mahābhārata*, 1: 141）中 Dattāmitra 被稱爲"臾那人之王"。⁴⁷ 一般認爲，這 Dattāmitra 無疑就是 Demetrius（德米特里厄斯一世）。而德米特里厄斯一世在信德的存在，尚可通過一篇納斯科（Nasik）石窟銘文（No. 19）證實。⁴⁸

> 成功！ Indrāgnidatta［的禮物］！他是臾那人 Dhammadeva 之子，一位來自 Dattāmittrī 的北方人。受真正宗教的啓發，經他之手，這個石窟在 Tiraṇhu 山開鑿成功，石窟中有一個窣堵波和若干蓄水池。這個因其父母而開鑿的石窟，被僧侶們和其子 Dhammarakhita 贈予世界僧伽，以示對眾佛之尊重。（窟 17 銘文 18）⁴⁹

納斯科石窟開鑿始自公元前一世紀。一般認爲，第 17 窟開鑿於公元 120 年左右。捐獻者是一位希臘人的後裔。銘文稱其父親是一位臾那人，係來自 Dattāmittrī 城的北方人。一說 Dattāmittrī 城不妨與見諸《帕提亞驛程志》的 Demetrias 勘同。[50]

3.《Yuga 往世書》（*Yuga-Purāna*）：

所謂《Yuga 往世書》原是天文學著作《迦爾吉本集》（*Gārgī Samhitā*）一書中的一章。一般認爲，《迦爾吉本集》成書年代在公元初至三世紀之間。《Yuga 往世書》以預言的形式說到希臘人對印度的入侵。與本文有關的主要有以下兩個段落：

> 征服 Sāketa 以及 Pañchālas（恒河和 Yamuna 河之間的平坦沖積地帶，從 Sivalik 山 [Churia Hills] 延伸到兩條河在 Allahabad 的匯合處）和馬土臘（Mathurā）人的土地後，邪惡而勇敢的臾那人（即希臘人）將到達香花宮城（Kusumadhvaja，即"華氏城"），波羅利弗多羅城（Pātaliputra）厚重的泥土防禦工事將觸手可及，毫無疑問，諸督區均將陷入混亂，一場大戰終將隨撞木到來。
>
> 臾那人將發號施令，國王們將不復存在。但陶醉於戰鬥的臾那人終將離開中國（Madhadeśa）。毫無疑問，他們將會有一場內戰，在他們自己的國家（巴克特里亞），會有一場可怕而殘酷的戰爭。（第七章）[51]

以上敘事似乎還能夠得到斯特拉波記載的支持：

至於印度東部地區，我們知道 Hypanis（Hypasis）河這邊的所有地區，還有河那邊的一些地區。在亞歷山大之後，有一些曾經深入到 Hypanis 河之後，直到恆河和 Palibothra（即 Pātaliputra）的人補充了那邊的情況。（XV, 1.27）

今案：這裏所說臾那人顯然是彌蘭所率希臘—巴克特里亞王國的東路軍。東路軍在渡過 Hypanis 河，佔領了 Sāketa 和 Pañchālas 地區後，兵鋒直指華氏城。

歷來認爲，《Yuga 往世書》這一段中最要緊的是關於"內戰"的"預言"，所謂"自己的國家"，顯然是指入侵印度的希臘人之本土——巴克特里亞。也就是說，這裏是預言歐西德謨斯王朝不久將被篡奪，且會引起內戰。[52]

4. 迦梨陀娑（Kālidāsa，五世紀）的劇本《摩羅維迦與火友王》（Mālavikāgnimitram）有一個情節：普什亞米特拉·巽伽有一匹準備一年後獻祭的馬，由其孫 Vasumitra（前131—前124年在位）負責看守。"正是這匹在印度河右岸遊蕩的馬被臾那人（Yona 或 Yavanas）的一個騎兵中隊奪走了。雙方爲此展開了激烈的較量。……神箭手 Vasumitra 戰勝了敵人，救出了他們試圖以武力奪取的良馬。"（act 5, verse 14）[53] 此處所謂"印度河右岸"，顯然屬於希臘—巴克特里亞王國南路軍的佔領區。

5. 羯陵伽（Kalinga）王 Khāravela 的 Hāthigumphā 銘文[54]：
這篇婆羅謎銘文發現於印度奧迪薩（Odisha）省布巴內斯瓦爾（Bhubaneswar）市附近 Udayagiri 山一個名爲 Hāthigumphā 的天然

六 希臘─巴克特里亞王國歐西德謨斯王朝史述要 | 139

洞穴中，凡一十七行，其中只有四行的字跡是完全清晰的。銘文鑴刻於羯陵伽王 Khāravela 在位第十三年，其中提到一位希臘王，因懼怕 Khāravela，率領士氣低落的士兵退守馬土臘（Mathurā）：

> 然後，在第八年，［卡拉維拉］率大軍洗劫了 Goradhagiri（Barabar 山附近，在印度比哈爾 Jehanabad 區），形成對王舍城（Rājagaha = Rājagṛiha）的壓力。由於這一英勇行爲被大肆報導，臾那國王 Dimi[ta] 撤退到了馬土臘，他的士氣低落的軍隊遂得以解脱。（銘文第 7—8 行）[55]

英譯者讀這位希臘王名作"Dimita"，將銘文中提到的臾那國王 Dimita 與德米特里厄斯一世勘同。今案：此説頗有可議處：

首先，這位希臘王的姓名漫漶不清，它包含三個字母，中間的那個字母可被讀作 ma 或 mi。也就是説 Dimi[ta] 究竟能不能讀作 Dimi[ta] 尚屬未定。即使 Dimi[ta] 可與 Demetrius 勘同，也未必就是德米特里厄斯一世。已知在印度活動的希臘統治者除德米特里厄斯一世外，還有德米特里厄斯二世和德米特里厄斯三世。

其次，進攻 Goradhagiri 和王舍城是希臘─巴克特里亞王國東路軍的任務。質言之，德米特里厄斯一世不該出現在王舍城。

更重要的是，羯陵伽王 Khāravela 的年代難以確定。有關説法極多，有公元前四世紀、前三世紀、前二世紀、前一世紀和公元一世紀諸説。討論涉及考古學、古文書學，以及孔雀王朝、巽伽王朝的年代問題，極其複雜，似乎各有理據。若 Khāravela 王果與希臘—巴克特里亞王國的德米特里厄斯一世有交集，則其年代應在前二世紀前半葉。[56] 然而，即使主張這一年代的學者也未必贊成 Dimi[ta] 即德米特里厄斯一世。因而，或指 Dimi[ta] 爲德米特里厄斯一世在時間上是不可能的[57]；或指爲後來統治東旁遮普的一位希臘統治者[58]；等等。

Khāravela 的年代問題頗爲複雜，不能在此展開。[59] 有鑒於此，Hāthigumphā 銘文與歐西德謨斯王朝與印度的關係問題只能暫時擱置，以待新資料的出現和研究的深入。

D

綜上所述，約前 185 年德米特里厄斯一世開始南征，他留下其長子歐西德謨斯二世鎮守巴克特里亞，其時很可能他的身份是德米特里厄斯一世的副王。[60] 自己率其次子德米特里厄斯二世、將軍彌蘭、Apollodotus 等南下。

大軍越過興都庫什山後，分成兩支。一支向東，由彌蘭等率領，最遠抵達原孔雀王朝都城華氏城。另一支向南，由德米特里厄斯一世親自率領，其次子德米特里厄斯二世爲輔，直抵印度河三角洲。其間可能佔領了喀布爾、乾陀羅、呾叉始羅、奢羯羅等地。[61] 德米特里厄斯一世留下其次子鎮守 Paropamisadae 和乾陀羅、呾叉始羅等地，自己則據有今印度河三角洲一帶。[62] 一說，一度彌蘭在華氏城，阿波羅多圖斯在烏賈因（Ujjain），德米特里厄斯二

世在呾叉始羅,成鼎足之勢。⁶³

德米特里厄斯一世曾被指爲元年爲前 186/185 年的 Yavana 紀元的創始人;但目前這一紀元之元年被定在前 174 年,則與他無關。⁶⁴

德米特里厄斯一世死因不明,一般認爲可能死於前 180 年左右。選擇這一年代是爲了給後來的歐西德謨斯王朝統治者留出治期,如其子歐西德謨斯二世等。果然,《Yuga 往世書》關於臾那人因歐克拉提德斯一世舉事而回軍的"預言",可以理解爲進攻華氏城的希臘兵將因獲悉巴克特里亞本土丟失、鬥志消沉而撤軍。

一說德米特里厄斯一世育有四子;按年齡,依次爲歐西德謨斯二世、德米特里厄斯二世,潘塔萊翁(Pantaleon)和阿加托克里斯。⁶⁵

關於歐西德謨斯二世,沒有相關的文獻記載,他的存在是通過錢幣研究確認的。⁶⁶ 不妨認爲,他在其父德米特里厄斯一世去世後繼位。

約前 170 年左右,歐克拉提德斯一世篡位,歐西德謨斯二世下落不明。按理說,他應該是歐西德謨斯王朝在巴克特里亞本土的最後一位統治者。

不過,錢幣學的證據表明,在歐西德謨斯二世和歐克拉提德斯一世之間,還有若干巴克特里亞統治者必須安排。具體而言,在約前 185 年德米特里厄斯一世南征印度之後,直至前 170 年左右歐克拉提德斯王朝取代歐西德謨斯王朝之前,除歐西德謨斯二世外,至少還必須安排三位希臘—巴克特里亞王國歐西德謨斯王朝的統治者。

歐西德謨斯二世傳世錢幣很少，他在錢幣上的頭像顯得過於年輕，這似乎暗示他的治期很短。但是，他發行了若干鎳合金的錢幣。同樣發行這種鎳合金錢幣的還有阿加托克里斯和潘塔萊翁兩者。[67] 這表明三者之間存在密切的關係。因爲打鑄鎳合金鑄幣只有這三位，蓋當時只有中國人知道利用鎳合金。

阿加托克里斯和潘塔萊翁名不見經傳，和歐西德謨斯二世一樣，都是通過錢幣確認的希臘—巴克特里亞王國的統治者。有趣的是阿加托克里斯發行了譜系錢幣。其中，包括馬其頓亞歷山大大帝（正面：ΑΛΕΞΑΝΔΡΟΥ ΤΟΥ ΦΙΛΙΠΠΟΥ "Alexander son of Phillip"，反面：ΒΑΣΙΛΕΥΟΝΤΟΣ ΑΓΑΘΟΚΛΕΟΥΣ ΔΙΚΑΙΟΥ "Of Reign Agathocles the Just"）、迪奧多圖斯一世（正面：ΔΙΟΔΟΤΟΥ ΣΩΤΗΡΟΣ "of Diodotus the Saviour" 反面：ΒΑΣΙΛΕΥΟΝΤΟΣ ΑΓΑΘΟΚΛΕΟΥΣ ΔΙΚΑΙΟΥ "of Reign Agathocles the Just"）、歐西德謨斯一世（正面：ΕΥΘΥΔΗΜΟΥ ΘΕΟΥ "Euthydemus God"，反面：ΒΑΣΙΛΕΥΟΝΤΟΣ ΑΓΑΘΟΚΛΕΟΥΣ ΔΙΚΑΙΟΥ "Of Reign Agathocles the Just"）和德米特里厄斯一世（正面：ΔΗΜΗΤΡΙΟΥ ΑΝΙΚΗΤΟΥ "Demetrius Invincible"，反面：ΒΑΣΙΛΕΥΟΝΤΟΣ ΑΓΑΘΟΚΛΕΟΥΣ ΔΙΚΑΙΟΥ "Of Reign Agathocles the Just"），還包括潘塔萊翁。[68] 阿加托克里斯不會不知道，巴克特里亞原來是馬其頓亞歷山大治下一個督區，迪奧多圖斯一世獨立稱王是一種叛變行爲。而迪奧多圖斯王朝又是被歐西德謨斯王朝推翻的。這自然引起研究者許多猜測，焦點集中在他發行這套譜系錢幣的動機。

一般認爲，他得位不正，企圖以此取悦各方勢力，穩固自己的統治。他的譜系中沒有發現歐西德謨斯二世的紀念幣，這也很容易被解釋爲後者是被他推翻的。因爲他的譜系並不是只包括每個王朝的創始人，歐西德謨斯王朝的紀念幣中，就既有歐西德謨斯一世，又有其子德米特里厄斯。

今案：指阿加托克里斯是篡奪者證據似嫌不足，他發行譜系錢幣更像是在回顧巴克特里亞的歷史。他沒有偏袒哪一個政權，而這麽做對於鞏固自己的政權未必總是有利的，甚至有可能因而得不到任何一方的同情和支持。至於譜系中沒有出現歐西德謨斯二世，可以歸因於錢幣傳世的偶然性。[69]

此外，不妨認爲，阿加托克里斯屬於亞歷山大後裔中流落巴克特里亞的一支，由於各種機緣，其父祖既和迪奧多圖斯王朝統治者又和歐西德謨斯王朝統治者沾親帶故。這成了他發行譜系錢幣的內因。

除了打鑄譜系錢幣外，阿加托克里斯發行的錢幣可謂多姿多彩：使用了多種語文——婆羅迷文、希臘文和佉盧文[70]，除表現希臘神祇外，還表現了佛教[71]和印度教[72]的神祇和理念。這表明阿加托克里斯視野開闊、博學多才。他兼收並蓄，試圖利用鑄幣描述他所處時代的歷史和現狀。果然，則堪稱創舉。這和他血管中流淌的血液或許也有某種聯繫。

另外，他在鑄幣上的用心也表明在他治下，巴克特里亞（可能還包括興都庫什山以南部分地區）的環境是和平的、富足的。

要之，有鑒於歐西德謨斯二世治期短促，巴克特里亞王位很可能由潘塔萊翁和阿加托克里斯先後繼承，和歐西德謨斯二世一样，潘塔萊翁錢幣的傳世數量也非常少。這三位統治者可以視爲一組，而阿加托克里斯是其中最出色的一位。

至於潘塔萊翁和阿加托克里斯的身份，也有種種推測，或指爲歐西德謨斯一世之子、或指爲德米特里厄斯一世之子，等等，茲不一一。

除了上述三位外，另有名爲安提馬科斯一世（Antimachus I）者，他的治地範圍是有爭議的，但不妨認爲包括部分巴克特里亞和興都庫什山南若干地區。[73] 他的淵源不清楚，但一般認爲其時代也在歐克拉提德斯一世登基之前。換言之，他或許是阿加托克里斯的繼承者，同屬歐西德謨斯王朝。

安提馬科斯一世的存在不僅由他發行的錢幣證實，還見諸一份1993年發現的寫在羊皮紙上的稅單[74]：

> 在 Antimachos Theos、Eumenes 和安提馬科斯的治期……第四年，Olous 月，在 Asangorna，法律的守護者……稅務員 Menodotus，當著……他也是由 Demonax 派出的，前者……還有 Simus 的，他是……藉助於稅收管理員 Diodorus，確認收到……Dataes 之子從神父……與購物有關的費用。[75]

既有副王（Eumenes 和安提馬科斯），說明安提馬科斯一世確實是一位國王。他或曾作爲他副王的兒子安提馬科斯二世（Antimachos II）才是歐西德謨斯王朝最後的國王。換言之，在巴克特里亞直面歐克拉提德斯一世篡位的很可能是安提馬科斯一世或其子安提馬科斯二世。[76]

　　要之，自約前185年至前170年，也就是德米特里厄斯南征印度之年直至歐克拉提德斯篡位之年，領有希臘—巴克特里亞王國本土（部分或全部）的至多可有四至五位統治者，他們是歐西德謨斯二世、潘塔萊翁、阿加托克里斯、安提馬科斯一世（和二世）。[77]

　　至於德米特里厄斯一世之後，歐西德謨斯王朝與印度的關係，亦即德米特里厄斯一世的後裔和部屬在南亞次大陸的活動，姑置勿論。

■ 注釋

1　Shuckburgh 1962.

2　Jones 1916.

3　詳見 Lerner 1999, pp. 45-47。

4　有關安條克三世東征希臘—巴克特里亞王國之前塞琉古帝國內外新形勢、備戰、進軍路線，以及征戰帕提亞等情況可參看 Grainger 2015, pp. 55-70。

5　Lerner 1999, pp. 58-60. 在此基礎上，説者再依據傳世錢幣的研究成果，對歐西德謨斯一世父子的治期做出了安排。

6　參看本書第五篇。

7　有關學說的介紹和批判見 Lerner 1999, pp. 55-56。

8　Masson 1955, esp. pp. 39-43.

9　Cunningham 1884, pp. 134-135, 144; Narain 1957, pp. 19-22.

10 詳見本書第五篇。

11 參看 Tarn 1951, pp. 73-74。

12 Holt 1999, pp. 105-106.

13 諸如 Cunningham 1884, p. 145; Gardner 1886, p. xxi; Tarn 1951, pp. 74-75。

14 Macdonald 1922, p. 440；Newell 1941, p. 274.

15 Lerner 1999, p. 54.

16 有關討論詳見 Lerner 1999, pp. 52-54。

17 Narain 1957, pp. 20-21.

18 Gutschmid 1888, p. 37, n. 4.

19 Walbank 1967 ii, p. 265; Lerner 1999, p. 48，也認爲戰場在 Herat。

20 Holleaux 1930, esp. p. 141, no. 1; Tarn 1951, p. 88 n. 3 and p. 443 nos. 3-5.

21 説見 Cunningham 1884, pp. 139-140; Tarn 1951, pp. 114-115。Wilson 1841, p. 221，認爲歐西德謨斯一世退守之 Zariaspa 城即 Alexandria-Margiana (Merv)。Cunningham 以爲非是，蓋 Merv 位於沙漠邊緣。歐西德謨斯一世果然撤退至該處，必定不敵而降。

22 Holt 1989, pp. 127-135，認爲錢幣學的證據表明，戰後歐西德謨斯一世治下的巴克特里亞依舊是一個獨立王國。一説協議可能規定阿瑞亞、馬爾吉亞那和 Arius 河流域歸塞琉古帝國所有。見 Grainger 2015, p. 72。

23 Lerner 1999, p. 42.

24 Lerner 1999, pp. 49-50.

25 Cunningham 1884, p. 134; Narain 1957, p. 19.

26 Newell 1938, pp. 257-259.

27 Tarn 1951, pp. 92-93.

28　Bopearachchi 1992.

29　Wallace 2016.

30　英譯文見 Castro 2012。

31　Hypanis 河，今 Beas 河。

32　Imaüs，指 Himalayas。

33　Saraostus，今 Saurashtra 和 Gujarat 西南。

34　Sigerdis，今巴基斯坦信德印度河三角洲。

35　見 Stadtner 1975。

36　Guruge 1994.

37　據 Rudradāman 的 Junāgadh 銘文，在阿育王治期 Aparānta（Aparantaka）由一位臾那王（Yonaraja）Tushaspa 統治著。Thapar 1961, p. 128.

38　Geiger 1912, p. 82.

39　Schoff 1914.

40　Tarn 1951, p. 94.

41　Tarn 1951, p. 93.

42　奢羯羅，今旁遮普。

43　Stevenson 1932, p. 152.

44　Vasu 1891-97, Bk III, Ch. II, § 111, p. 454.

45　Rapson 1922, p. 544.

46　Vasu 1891-97, Bk IV, Ch. II, § 76, p. 725.

47　The *Mahabharata*, Book 1: Adi Parva: Sambhava Parva: Section 141, see Ganguli 1883-96, pp. 295-296.

48　Tarn 1951, pp. 142, 146. 參看 Weber 1862, p. 150 注。

49　Senart 1905-6, esp. p. 91.

50　G. Bühler 説，轉引自 Senart 1905-6。

51　Jayaswal 1928. 本文有關《Yuga 往世書》的譯文均出此文。"撞木"的英譯是"tree(-like) engines"，據譯者注，似指守城器具；果然，則應理解作"滾木擂"。茲依據上下文作攻城器具理解。

52　Tarn 1951, p. 132，以爲歐克拉提德斯一世的篡位導致希臘人自華氏城撤退，時在前 169 年。

53　Tawaney 1891, p. 91 (Mālavikāgnimitram, act 5, verse 14).

54　Jayaswal 1917; Banerji 1918; Jayaswal 1933.

55　Jayaswal 1933, esp. p. 87.

56　持此説者有 Jayaswal 1917; Banerji 1918; Konow 1923; Panigrahi 1961, pp. 192-203 等。

57　Chattopadhyaya 1974, pp. 48-51.

58　Sen 1988, pp. 176-177.

59　Verma 1971, pp. 86-87; Shimada 2012, p. 57. 各家意見可参看 Chanda 1919; Chanda 1919/1977; Tarn 1951, pp. 457-459; Chattopadhyaya 1974, pp. 48-51; Sen 1988/1999, pp. 176-177 等，茲不一一。

60　Bopearachchi 1992 以爲乘安條克三世圍攻巴克特里亞都城之際，索格底亞那脱離了希臘—巴克特里亞王國。歐西德謨斯一世無力收復索格底亞那，才將注意力轉向印度，於是有德米特里厄斯一世越過興都庫什山之舉。

61　這就是説德米特里厄斯一世統治了呾叉始羅，主要是因爲在 Sirkap 遺址中出土了許多他的錢幣。一説不是他自己而是其次子德米特里厄斯二世爲其父鑄造的。見 Tarn 1951, p. 138。

62　Sen 1988, p. 166.

63　Tarn 1951, pp. 131-156.

64　Cf. Falk 2007; MacDowall 2007.

65　Tarn 1951, pp. 76-78.

66　Holt 2000.

67　Holt 1989, p. 2; Kim 2017, p. 267.

68　Tarn 1951, pp. 201, 263, 439-440, 450-451, 504, 506; Holt 1989, pp. 6-7.

69　或據此否定歐西德謨斯二世的存在，見 Goukowsky 1981, pp. 87-89。

70　參看 Lahiri 1964; Audouin 1974; Bopearachchi 1991, pp. 172-180。

71　Krishan 1996, p. 22; Bopearachchi 1991, p. 176; Halkias 2014, esp. pp. 85-90.

72　Bopearachchi 2016.

73　參看 Narain 1957, pp. 47-49。Narain 介紹了若干有關的觀點，這些觀點全部依據錢幣資料，形形色色，莫衷一是。

74　關於此稅單，詳見 Rea 1994。

75　此稅單現藏牛津 Ashmolean 博物館。漢譯所據英譯見 Holt 1999, p. 176。其中關鍵的地名 Asangorna 位置難以確定。

76　論及歐克拉提德斯篡位前希臘—巴克特里亞王國情況的學者頗多，如 Rawlinson 2012; Tarn 1951; Narain 1957 等，可參看。

77　錢幣學家 O. Bopearachchi 曾給他們分配了治期：歐西德謨斯二世（前 190—前 185 年在位）、潘塔萊翁和阿加托克里斯（前 190—前 180 年在位）、安提馬科斯一世（前 185—前 170 年在位）和二世（前 160—前 155 年在位）。見 Bopearachchi 1991, p. 453。謹錄此以供參考。

七　歐克拉提德斯王朝和希臘—巴克特里亞王國的滅亡

A

希臘—巴克特里亞王國立國百餘年，歷經三個王朝：迪奧多圖斯王朝、歐西德謨斯王朝和歐克拉提德斯王朝。本文擬略述歐克拉提德斯王朝始末，兼及希臘—巴克特里亞王國的滅亡。

歐克拉提德斯王朝創始人是歐克拉提德斯一世，一般認爲，他推翻了歐西德謨斯王朝，篡奪了王位。至於其人的出身，文獻並無記載，只是在他登基後發行的紀念幣上出現其父母的形象[1]，錢銘如下：

> 王者歐克拉提德斯大帝，Heliocles 與 Laodice［之子］。

其母名 Laodice 受到學者關注，蓋塞琉古帝國許多貴婦人均名 Laodice，如塞琉古一世之母、安條克二世之后等等。若歐克拉提德斯一世之母亦名 Laodice，就不能排除歐克拉提德斯一世亦有塞琉古帝國貴族血統之可能。Laodice 在錢幣上出現時似乎頭戴王冠（royal diadem），而 Heliocles 則是平民的形象。[2] 至於 Laodice 之身份，則有種種說法。

一說歐克拉提德斯一世之母 Laodice 乃塞琉古帝國塞琉古二世或三世之女，更可能是前者之女，因而是安條克三世之姊妹。Laodice 下嫁的 Heliocles 亦有較高職位。果然，歐克拉提德斯一世與安條克四世（Antiochus IV Epiphanes，約前 175—前 164 年在位）是表兄弟。前者乃受後者派遣，進攻巴克特里亞的歐西德謨斯王朝，試圖收復這一叛離的督區。說者甚至爲他勾勒出進軍巴克特里亞的路線。當然，最終卻是歐克拉提德斯一世自己登上了希臘—巴克特里亞王國的王位[3]；另說，歐克拉提德斯一世之母 Laodice 是歐西德謨斯王朝的公主[4]；還有人指 Laodice 爲安條克三世之女[5]；等等。

由此可見，這唯一的證據可做多種解釋，而合情合理的推論，也只是推論。既然希臘—巴克特里亞王國本來是塞琉古帝國督區之一，其官員與塞琉古皇室有包括血緣在內各種聯繫並不奇怪。Laodice 具有高貴血統的可能性不能排除，她和歐克拉提德斯一世的關係使歐克拉提德斯一世具有了舉足輕重的地位。這很容易成爲野心者篡權奪位的基礎。[6]

不管怎樣，歐克拉提德斯推翻了歐西德謨斯王朝，登上了希臘—巴克特里亞王國的寶座。接下來的問題有二：

1. 歐克拉提德斯是何時登基的？據查斯丁《摘要》[7] 稱，歐克拉提德斯一世是和帕提亞的米特里達提一世（Mithridates I，前171—前132年在位）差不多同時登上王位。（XLI, 6，引文見本文下一節）一般認爲，帕提亞帝國米特里達提一世即位於前171年左右[8]，且由此推知歐克拉提德斯推翻歐西德謨斯王朝並開始統治希臘—巴克特里亞王國的年代大致在前170年左右。但也有人認爲這一年代應爲前165年。[9] 蓋查斯丁所言籠統，無非是説米特里達提一世和歐克拉提德斯一世兩者同時代而已。[10] 換言之，希臘—巴克特里亞王國的歐西德謨斯王朝大致亡於這一時段。

塞琉古帝國的提馬克斯在前162/161年自稱"Great King"（Basileus Megas），可能是受到歐克拉提德斯一世的啓發，後者亦曾採用類似稱號，因而其即位之年應略早於提馬克斯。歐克拉提德斯一世不太可能即位伊始便採用這類稱號，更可能在他自以爲取得若干成就後才會這樣做。[11]

2. 被歐克拉提德斯一世推翻的最後一位歐西德謨斯王朝的統治者是誰？

已知見諸記載的歐西德謨斯王朝最後一位統治者是歐西德謨斯一世之子德米特里厄斯一世（Demetrius I Soter，前161—前150年在位）。後者在塞琉古帝國安條克三世與其父歐西德謨斯一世簽訂和約後，率軍南征印度。其人下落不明，錢幣學家爲了給可能屬於歐西德謨斯王朝的統治者們留出治期，安排他死於前190年。在德米特里厄斯一世去世與歐克拉提德斯登基之間約15—20年間，有的錢幣學家安排了七位統治者：歐西德謨斯二世、潘塔萊翁、阿加托克里斯、安提馬科斯一世（約前185—前170年在位）、阿波羅多圖斯一世（Apollodotus I）、德米特里厄斯二世和安提馬科斯二世。[12]

由於前三位都曾發行鎳合金錢幣，錢幣學者將他們歸入一組。一般認為，歐西德謨斯二世是德米特里厄斯一世之子，在其父南征印度時留守巴克特里亞本土。他可能按當時希臘統治者的慣例，先以副王的名義統治巴克特里亞本土，而在他父親去世後正式即位。他出現在錢幣上的頭像顯得特別年輕，被看作他治期很短的證據。和歐西德謨斯二世一樣，潘塔萊翁、阿加托克里斯也都是歐西德謨斯王族。既然前者出現在後者發行的譜系錢幣行列中，則前者即位的年代應早於後者，也就是説他可能是繼歐西德謨斯二世之後繼承希臘—巴克特里亞王位的。傳世的潘塔萊翁錢幣數量也很少，似乎表明他的治期也不長。但是，這二位究竟是德米特里厄斯一世之子，還是是歐西德謨斯一世之子，缺乏實證，難以確斷。

一般認為，安提馬科斯一世也是歐西德謨斯王朝的成員，可能是德米特里厄斯一世的兄弟。他在阿加托克里斯之後即位。歐克拉提德斯一世篡位時，歐西德謨斯王朝在位的國王很可能是安提馬科斯一世。

B

歐克拉提德斯治期，希臘—巴克特里亞王國和帕提亞王國之間爆發了一場戰爭。彼時在位的帕提亞國王是米特里達提一世。查斯丁《摘要》記載了此事：

> 幾乎在米特里達提登上帕提亞王位的同時，歐克拉提德斯開始統治巴克特里亞人，他倆都是偉人。但是，帕提亞人的命運要好得多，在這位君主治下，他們的勢力臻於極盛。而被各種戰爭困擾的巴克特里亞人，不僅失去了領土，而且失去了自由；因為他們曾與索格底亞那人、阿拉科細亞人、德蘭癸亞那人、阿瑞亞人和印度人角逐，好像已經精疲力竭，終於被較弱的帕提亞人征服了。（XLI, 6）

據查斯丁的記載，歐克拉提德斯一世治下的希臘—巴克特里亞王國被帕提亞王國的米特里達提一世征服，似乎是在歐克拉提德斯一世與"索格底亞那人、阿拉科細亞人、德蘭癸亞那人、阿瑞亞人和印度人"角逐而精疲力竭之後。

但是，歐克拉提德斯一世與上述各地區的鬥爭顯然不可能同時發生。這些戰爭至少可以劃分為前後兩個階段，與"索格底亞那人、阿拉科細亞人、德蘭癸亞那人、阿瑞亞人"的鬥爭為第一階段，與印度人的鬥爭為第二階段。[13]

這樣考慮是因為除印度外，其餘諸地均在興都庫什山北、巴克特里亞附近。在希臘—巴克特里亞王國極盛時期，這些地區或成為該王國的領土，或成為該王國的屬地。在歐克拉提德斯一世篡位之際這些地區起而反抗或試圖獨立則是題中應有之義。歐克拉提德斯一世只有在討平巴克特里亞周圍地區之後，才有可能越過興都庫什山進軍印度。

問題在於歐克拉提德斯一世和米特里達提一世之間的戰事究竟發生在前者進軍印度之前，還是進軍印度之後。

客觀上，這兩種可能性都是存在的。蓋米特里達提一世既可能乘歐克拉提德斯一世南征印度、後方巴克特里亞空虛之際，揮兵東進；也可能乘歐克拉提德斯一世因鎮壓巴克特里亞附近地區的反抗疲於奔命之際出兵。

揆情度理，後一種可能性較大——米特里達提一世是乘歐克拉提德斯一世立足未穩之際發動對希臘—巴克特里亞王國的戰爭的。蓋米特里達提一世即位之際，帕提亞人的主要威脅不僅來自東方的希臘—巴克特里亞王國，也來自西方的塞琉古帝國。可以肯定，雄才大略的米特里達提一世不可能使帕提亞人同時陷入東西兩線作戰的困境，他一定會選擇容易對付的一方先下手。

相對而言，希臘—巴克特里亞王國較為易與。這是因為其統治者是一個篡位者，必然招致內部的抵制或反抗，即使內亂被平息，國力也難免衰落。這應該是米特里達提一世對希臘—巴克特里亞王國下手的最好時機。米特里達提一世若於此際提軍東進，歐克拉提德斯一世勢必窮於應付。

因此，帕提亞和希臘—巴克特里亞王國這場戰爭的時間，似乎可以定在兩者即位後不久。具體而言，在他們即位的最初四五年內。

另一方面，塞琉古帝國的米底總督 Timarchus 在安條克四世去世後不久獨立稱王（前163—前160年間），他不僅覬覦塞琉古帝國的寶座，與塞琉古帝國的德米特里厄斯一世鬥爭；似乎有證據表明他還企圖東向擴張，因而與希臘—巴克特里亞國王歐克拉提德斯一世勾結，謀圖帕提亞帝國。[14] 這也會使米特里達提一世下決心發動對希臘—巴克特里亞王國的戰爭，乘 Timarchus 和德米特里厄斯一世做殊死鬥、無暇東顧之際首先消除來自東方的威脅。

至於因爲歐克拉提德斯一世的戰敗，希臘—巴克特里亞王國究竟丟失了多少領土，僅有斯特拉波《地理志》[15] 一則簡單的記載：

> 他們的城市有巴克特拉（也稱爲 Zariaspa，一同名河流經該城並注入 Oxus 河即阿姆河）、Darapsa 等。其中包括以統治者名字命名的 Eucratidia。希臘人佔領了它，並把它分成了總督轄地，其中 Turiva 和 Aspionus 兩處被帕提亞人從歐克拉提德斯手中奪走。他們還控制了索格底亞那，其地東至巴克特里亞之北，在阿姆河與錫爾河之間。阿姆河成了巴克特里亞人和索格底亞那人的邊界，錫爾河則成了索格底亞那人和游牧人之間的邊界。(XI, 11.2)

通讀這則記載，不難發現 Turiva 和 Aspionus 應該位於巴克特里亞本土，而不是其附近地區，如前述索格底亞那、阿拉科細亞、德蘭癸亞那、阿瑞亞等地。斯特拉波明明說的是"希臘人"佔領巴克特里亞後，將它分割成若干督區。斯特拉波在這裏所說的"希臘人"顯然不是最初佔領巴克特里亞的希臘人，只能是巴克特里亞獨立後的希臘人。因爲在巴克特里亞脫離塞琉古帝國獨立之前，整個巴克特里亞就是一個督區。只有當這一督區原來的總督稱王之後，才有必要將巴克特里亞進一步分割成若干督區，以便設置總督管理之。Turiva 和 Aspionus 這兩個督區究竟是迪奧多圖斯王朝，還是歐西德謨斯王朝，抑或是歐克拉提德斯一世所置，已無從得知。

另外，斯特拉波在談到帕提亞帝國米特里達提一世和歐克拉提德斯一世之戰時提到希臘—巴克特里亞王國丟失了 Turiva 和 Aspionus 這兩個督區，並不表明米特里達提一世僅僅佔領了這兩個督區，之所以僅僅提到這兩地，顯然是因爲這兩地位於巴克特里亞本土，也就是迪奧多圖斯爲塞琉古總督時的轄區之內。簡言之，Turiva 和 Aspionus 兩地只能求諸巴克特里亞境內。揆情度理，最可能在巴克特里亞的西部。

Turiva 和 Aspionus 兩督區果然位於巴克特里亞西部，米特里達提一世佔領這兩個地區必須首先佔領這兩地以西的地區。一說米特里達提一世的入侵首先針對的是阿瑞亞、馬爾吉亞那和巴克特里亞西部。[16] 其說甚是。

要之，關於 Turiva 和 Aspionus 的地望，學界有許多討論，但迄無定論。諸說中，凡求兩地於巴克特里亞之外者，皆可置之勿論。[17] 而求諸巴克特里亞境內者，也因缺乏確鑿證據，難以定讞。[18] 目前只能說，這兩個督區大概率位於巴克特里亞西部。完全否定米特里達提一世治期帕提亞帝國曾佔領巴克特里亞本土部分地區之說似難成立。[19]

這場戰爭的結果，從查斯丁的記載中可以得悉，是以歐克拉提德斯一世屈服告終。這有點類似於歐西德謨斯一世屈服於安條克三世。安條克三世沒有一舉滅亡歐西德謨斯王朝，首先是因爲後者實力尚存——巴克特拉被困二載未能攻克；其次是因爲擔心錫爾河北遊牧部落入侵。米特里達提一世何不乘勝滅亡了歐克拉提德斯王朝，一統巴克特里亞及其周圍地區，很可能出諸和安條克三世類似的考慮。一則，歐克拉提德斯一世儘管丟城失地，其實力並未喪失殆盡。這從他不久就越過興都庫什山，南侵印度，可窺一斑。二則，一旦全部吞併希臘—巴克特里亞王國，米特里達提一世必須分出很大的力量來鎮守新奪取的土地，尤其是抵禦北方遊牧部族。可能經過對自己實力的一番掂量，米特里達提一世覺得不如接受歐克拉提德斯一世的歸順，或者說保留這道抵禦北方遊牧部族的屏障較爲妥帖。另一種可能是帕提亞帝國西境有情況，迫使米特里達提一世儘快從巴克特里亞抽身。

很可能早在安條克四世治期，Timarchus 作爲塞琉古帝國的米底總督早已對帕提亞虎視眈眈，而對付帕提亞最好的方略便是和希臘—巴克特里亞王國聯手。而當塞琉古帝國德米特里厄斯一世殺死安條克五世（Antiochus V Eupator，前164—前161年在位）登上王位，使 Timarchus 有了獨立稱王的藉口；而和新即位的德米特里厄斯一世鬥爭，也需要巴克特里亞的助力，以牽制帕提亞。錢幣學的證據似乎可以證明這一點：Timarchus 發行的錢幣和歐克拉提德斯一世的錢幣相似，特別是四德克拉馬銀幣（正面是戴頭盔的胸像，反面是希臘神祇狄俄斯庫里兄弟）；而如前述，

Timarchus 還採用了與歐克拉提德斯一世相似的稱號：Great King Timarchus。[20] 而據查斯丁《摘要》：

> 當巴克特里亞人中發生這些事情時，帕提亞人和米底人之間的戰爭爆發了，雙方命運起伏不定，而最終帕提亞人獲勝。經此一役，米特里達提的勢力增強了，他任命 Bocasis（Bagayasha）管理米底，自己則前往赫卡尼亞。（XLI, 6）

聯繫前文，此段首句所指，似爲歐克拉提德斯一世南征印度事，時在米特里達提一世征服歐克拉提德斯一世之後。凡此種種，雖非直接證據，已足見帕提亞西部並非太平無事。因此，一旦歐克拉提德斯一世表示屈服，米特里達提一世便掉頭西向。

C

本節略述歐克拉提德斯一世入侵印度及其死亡事件。

一般認爲，帕提亞帝國的崛起阻斷了巴克特里亞和西方的關係，尤其是貿易關係，這對於巴克特里亞的繁榮至關重要，而只有經過米特里達提一世的經營，帕提亞才真正成爲一個強國。顯然，巴克特里亞和西方的貿易在米特里達提一世治期必定困難重重。這可能是迫使歐克拉提德斯一世向興都庫什山以南發展的一個重要原因。[21]

今案：歐克拉提德斯一世南征印度見於上引查斯丁《摘要》（XLI, 6），當係事實。其時間很可能在被米特里達提一世打敗之後。面臨敗北之恥，歐克拉提德斯一世必須有所建樹，以挽回其威信。[22] 既然不可能向西發展，就只能南向入侵印度，一方面可以打開新的貿易局面。另一方面，這也許是最主要的，當時盤踞在西北次大陸的正是歐克拉提德斯一世的死敵歐西德謨斯王朝的勢力，不僅有德米特里厄斯一世之子德米特里厄斯二世，還有德米特里厄斯一世的一眾將領，其中尤以彌蘭最具實力。當米特里達提一世與歐克拉提德斯一世激戰之際，興都庫什山南的歐西德謨斯王朝勢力很可能乘機北上進攻歐克拉提德斯一世。[23] 這或許是歐克拉提德斯一世被米特里達提一世打敗的重要因素。不妨認為，歐克拉提德斯一世越過興都庫什山南下，旨在清掃歐西德謨斯王朝在印度的勢力，除卻這一心腹之患。

沒有文獻資料足以說明歐克拉提德斯一世南征的具體經過，但一般認為，他取得了不小的成功，當然，並非一帆風順。

緊接著上引與帕提亞之戰中歐克拉提德斯一世敗北的記載後，查斯丁《摘要》描述了歐克拉提德斯一世南侵印度的一次戰役：

> 可是，歐克拉提德斯以極大的勇氣進行了多次戰爭，這些戰爭使他損失不少，但當他被印度王德米特里厄斯包圍時，仍能以三百守軍，連續出擊，打退六萬敵兵，在受困五個月之後，得以脫身，終將印度置於自己的統治之下。（XLI, 6）

这裏所谓"德米特里厄斯"显然不是欧西德谟斯一世之子德米特里厄斯一世。他的身份和治期在学者间有种种猜测，迄今莫衷一是，以至怀疑查斯丁上述《摘要》的真实性。[24]

今案：查斯丁的记载尽管不可全信，但所述事件不可能全属子虚乌有。他提到的"德米特里厄斯"不必看作特定的个人，不妨看作以德米特里厄斯一世为代表的盘踞印度次大陆的欧西德谟斯王朝的势力。大概查斯丁或其所据资料，未必清楚欧克拉提德斯一世南下印度时面临的具体对手是谁，只知道他要对付的是盘踞印度的欧西德谟斯王朝的势力，而欧西德谟斯王朝在印度的局面正是德米特里厄斯一世打开的，因而在记述欧克拉提德斯一世上述战事时，对手就被称为德米特里厄斯。事实上，既然欧克拉提德斯一世南征印度颇有成绩，不排除他与德米特里厄斯一世在印度的后裔或部属德米特里厄斯二世、阿加托克里斯和潘塔莱翁乃至弥兰等交战的可能性。

欧克拉提德斯一世究竟征服了印度哪些地区，没有明确的记载，他和查斯丁提到的与德米特里厄斯之战，战场的位置也不得而知。一般认为，欧克拉提德斯一世征服的印度地区包括西北次大陆的乾陀罗和 Paropamisadae 等地区。

不管怎样，他发行的双语方形铜币足以表明他一度统治了印度某些地区，而在阿姆河畔 Ai-Khanoum 遗址出土的原产印度的物品也堪佐证。

查斯丁《摘要》接着记述，欧克拉提德斯一世在他自印度回归途中被其子所杀：

> 歐克拉提德斯自印度回歸途中，被其子所殺。這位曾與他聯合攝政的兒子，毫不隱瞞其弒父行為，髣髴被他殺死的不是他的父親，而是一個敵人。他的戰車碾過父親的鮮血，下令不準將屍體埋葬。（XLI, 6）

這對父子之間的曲直是非不得而知；且由於歐克拉提德斯一世也許不止一子，弒父者究竟是誰也難以確認。但查斯丁言之鑿鑿，殺死歐克拉提德斯一世者無疑是其子而非外人（德米特里厄斯二世或歐西德謨斯王朝的其他後裔）。

錢幣學的證據表明，除歐克拉提德斯二世外[25]，與歐克拉提德斯一世有親屬關係者為帕拉圖（Plato）、赫利奧克勒斯（Heliocles）：帕拉圖曾短期統治巴克特里亞南部或 Paropamisade，而赫利奧克勒斯可能是希臘—巴克特里亞王國最後一位國王。三者的治期約為前 155—前 130 年。[26] 歐克拉提德斯二世可能在歐克拉提德斯一世生前作為副王統治過巴克特里亞，後兩者可能在歐克拉提德斯一世去世後才先後上位。[27]

如果赫利奧克勒斯和帕拉圖均係歐克拉提德斯一世之子，弒父者為其中之一，而後者之嫌疑大於前者，自兩者之錢銘可略見端倪。前者僅稱自己是"公正的"，而後者則自稱"神之化身"，且發行不少印著太陽神 Helios 驅趕著駟馬二輪戰車圖像的錢幣，足見其人之傲慢不可一世。這和查斯丁有關弒父描述並無不合。[28]

至於赫利奧克勒斯和帕拉圖的關係，可能性有二：

1. 帕拉圖弒父後繼位，但不久就被赫利奧克勒斯推翻。這場內亂必定使得本已衰弱的王國更加衰弱不堪，赫利奧克勒斯終於成了希臘—巴克特里亞王國滅亡的見證人。

2. 弒父繼位的帕拉圖死於入侵的塞種諸部。面對蜂擁而來的遊牧部族，赫利奧克勒斯只能偏促一隅（約前140—前130年在位），苟延殘喘直至大月氏的到來。

要之，歐克拉提德斯一世是希臘—巴克特里亞王國最後一位有影響的統治者。

1. 他推翻了歐西德謨斯王朝，登上國王的寶座，平息各地的抗爭，確立了自己的統治。

2. 他在對抗帕提亞帝國米特里達提一世的進攻時失敗，丟失了西部的屬地和部分巴克特里亞的領土。但他還是越過興都庫什山，南征印度，主要與盤踞西北次大陸的歐西德謨斯王朝勢力做了一番殊死的鬥爭，取得了較大的成功。爲鞏固其統治，他按印度標準發行了錢幣，正面是希臘語，反面是用佉盧文書寫的巴利語。

3. 歐克拉提德斯一世野心勃勃，好大喜功，在發行的錢幣上自稱"大帝"，打鑄了傳世古典世界最大的金幣，重近6盎司。[29] 他在巴克特里亞建造了以自己名字命名的城市 Eucratideia。[30]

4. 一般認爲，今阿富汗北部 Takhar 省著名的 Ai-Khanoum 遺址，其中出土的錢幣年代最晚者屬於歐克拉提德斯一世，最後關照它的應該就是歐克拉提德斯一世。該遺址位於阿姆河支流噴赤（Panj）河與科克查（Kokcha）河的匯合處，是進入印度次大陸的必由之途。自前280年以降，就是希臘—巴克特里亞王國的重要城市。此城隨著歐克拉提德斯一世去世迎來了它的末日。

D

希臘─巴克特里亞王國亡於來自錫爾河北岸的塞種諸部。據斯特拉波《地理志》記載：

> 大部分斯基泰人是所謂 Däae 人，據有 Caspiai 海沿岸，其東則有瑪薩革泰人和塞人，其餘雖各有名號，但皆被稱爲斯基泰人，多以遊牧爲生。其中最著名的是從希臘人手中奪取了巴克特里亞的 Asii、Pasiani (Gasiani)、Tochari 和 Sacarauli。他們來自 Iaxartes 河（錫爾河）彼岸，與塞種、索格底亞那相毗連，曾被塞人佔領的地方。(XI, 8.2)

在接下來的敍述中，斯特拉波十分明確地說，是塞人佔領了 Bactriana。(XI, 8.4) 而"從希臘人手中奪取了巴克特里亞的" Asii、Pasiani (Gasiani)、Tochari 和 Sacarauli 四者應屬於與 Däae、瑪薩革泰並稱爲斯基泰的塞人。我們不妨稱 Asii 等爲塞種四部。

有關記載十分清楚，希臘─巴克特里亞王國亡於塞種四部：Asii、Pasiani (Gasiani)、Tochari 和 Sacarauli。塞種諸部來自錫爾河北岸，此前居於伊犁河、楚河流域，該地曾被稱爲"塞地"（《漢書·西域傳》）。約前 177/176 年，由於受匈奴人攻擊，原居今祁連山以北，西至天山、阿爾泰山東麓一帶的月氏人，被迫西遷"塞地"，塞種諸部被趕至錫爾河北岸，除一部分經帕米爾南下外，其餘侷促於錫爾河北岸原瑪薩革泰人的居地。[31] 可能是繼續受到其

七 歐克拉提德斯王朝和希臘—巴克特里亞王國的滅亡 | 165

東鄰月氏人的侵擾，錫爾河北岸的塞種諸部跨越阿姆河南下，侵入希臘—巴克特里亞王國。如前所述，錢幣學的研究表明，弒父繼位的帕拉圖的治期結束於前 140 年。這一年很可能就是塞種諸部南下之年。

被塞種諸部佔領的巴克特里亞被中國史籍稱爲"大夏"。"大夏"[dat-hea] 即塞種諸部之一 Tochari 的名稱之漢譯。[32] 這可能是因爲塞種諸部中，Tochari 人數較多、實力較強、佔地較大。不管怎樣，盤踞巴克特里亞的塞種諸部各自爲政，且鬥爭不斷[33]，並未建立統一的政權。《漢書・西域傳》所謂"大夏本無大君長，城邑往往置小長"云云，就是指的這種情況。正是在這種情況下，赫利奧克勒斯得以在帕拉圖之後，佔據一隅之地，繼續維繫希臘—巴克特里亞政權一脈近十年。

前 130 年，居於伊犁河、楚河流域的大月氏，又遭受西來烏孫人的攻擊，被迫放棄伊犁河、楚河流域，經今費爾幹那，南下阿姆河流域，統一了當地塞種諸部各自建立的小政權，也徹底消滅了赫利奧克勒斯治下的希臘—巴克特里亞政權。[34] 至此，希臘—巴克特里亞王國歐克拉提德斯王朝滅亡，希臘人在興都庫什山以北的統治也畫上了句號。

■ 注釋

1　Macdonald 1922, esp. pp. 453-454.

2 也有人認爲這類錢幣不是歐克拉提德斯一世紀念其父母的，而是其子之結婚紀念。説見 Sallet 1879, pp. 23-24, 103。最近還有學者認爲這類錢幣並非歐克拉提德斯一世發行，是迄今沒有受到注意的希臘—巴克特里亞統治者 Heliocles 和 Laodice 發行的，但和歐克拉提德斯一世關係密切云云。説見 Glenn 2014。

3 Tarn 1951, pp. 196-201.

4 Holt 1981, esp. p. 41.

5 Hollis 1996, esp. pp. 162-163.

6 Narain 2006.

7 Watson 1886/2003.

8 多數學者認爲米特里達提一世登基的年代爲前 171 年左右（如：Bevan 1966, II, p. 158; Bivar 1983, esp. p. 98）。Olbrycht 2010 則主張爲前 170 年。

9 Assar 2005; Assar 2006 等。

10 除查斯丁外，據 Claudius Aelian（約公元 175—235 年）《動物的特性》（*On the Characteristics of Animals*）記載（XV, 8），當某位 Soras 統治 Perimula 城（今斯里蘭卡海岸西北——英譯者）時，歐克拉提德斯（Eucratides）爲巴克特里亞的統治者。遺憾的是，我們不知道這位 Soras 是何許人，亦無從知道他統治 Perimula 城的年代。因而這則記載無助於判定歐克拉提德斯一世的治期。見 Scholfield 1959, p. 219。

11 Bellinger 1945; Houghton 1979; Narain 2006.

12 Bopearachchi 1991, p. 453.

13 當然，還存在一種可能性：歐克拉提德斯一世在討平巴克特里亞附近諸屬地後，接著就南征印度。米特里達提一世乘機東進，歐克拉提德斯一世不得不回軍迎戰。直至與米特里達提一世戰事結束之後，歐克拉提德斯一世才再次進軍印度，於是發生了查斯丁《摘要》所述與歐西德謨斯王朝盤踞印度勢力之間的戰事。

14 Bivar 2000, esp. p. 32, no. 2. 另據狄奧多羅斯（Diodorus）《歷史叢書》（*Bibliotheca Historica*）記載（XXXI, 27），提馬克斯爲對付塞琉古帝國的德米特里厄斯一世，曾和亞美尼亞王 Artaxias 結盟。這不妨視作他可能和歐克拉提德斯一世結盟的旁證。（Geer 1984）

15 Jones 1916.

16 Olbrycht 2010.

17 如 Narain 1957, p. 17，以爲兩地位於馬爾吉亞那。

18 米特里達提一世佔領了希臘—巴克特里亞王國的領土可以得到錢幣學的證實。説見 Rtveladze 1995。但説者認爲米特里達提一世奪取了包括巴克特拉在內的巴克特里亞西部地區，似不可信。果然，則歐克拉提德斯一世已被徹底打垮，和米特里達提一世之間完全失去了談判的餘地。巴克特拉易守難攻，應該是歐克拉提德斯一世對抗米特里達提一世的最後據點。

19 Mukherjee 1969.

20 説見 Bivar 2006, esp. p. 32, no. 2。

21 Sidky 2000, p. 218.

22 一説歐克拉提德斯一世敗於米特里達提一世的結果導致索格底亞那叛離希臘—巴克特里亞王國。見 Rtveladze 1995。

23 説見 Narain 2006, esp. p. 405。但他認爲配合米特里達提一世的歐西德謨斯王朝的勢力主要是潘塔萊翁和阿加托克里斯，兩者活動範圍主要在巴克特里亞西部，其依據是他們的錢幣主要分佈於西部；與此相對，歐克拉提德斯一世的錢幣主要分佈在巴克特里亞東部。今案：此說有欠妥帖。以下可能性似乎可以考慮：潘塔萊翁和阿加托克里斯曾相繼一統巴克特里亞，儘管治期短促，其錢幣在巴克特里亞東西部均有發現。歐克拉提德斯一世取而代之，其統治範圍也不可能限於巴克特里亞西部和中部。根據錢幣的出土或發現地點推斷錢幣發行者的活動範圍不太可靠，不僅錢幣的傳世存在極大的偶然性，而且錢幣本身是流通的。

24　今案，或指此處德米特里厄斯爲德米特里厄斯一世之子，可備一說。見 Tarn 1951, pp. 76-78。Senior 2004; Wilson 2004 等則認爲錢幣所見德米特里厄斯與查斯丁所載"印度王"有諸多不合。

25　有兩個反面圖像均爲阿波羅（Apollo）的錢幣系列，其一錢銘爲"歐克拉提德斯王"（King Eucratides），另一錢銘爲"救世主歐克拉提德斯王"（King Eucratides the Saviour）。Tarn 1951, pp. 271-272 等，據以區分歐克拉提德斯一世和二世：前者爲歐克拉提德斯大帝，後者爲歐克拉提德斯二世。

26　Bopearachchi 1991, p. 453.

27　Wilson 2004 以爲，除巴克特里亞的帕拉圖外，歐克拉提德斯王朝尚有另一成員德米特里厄斯，與查斯丁《摘要》所述和歐克拉提德斯一世爲敵的"印度王"並非一人。錄以備考。

28　Narain 1957, pp. 70-73; Narain 2006, esp. p. 402.

29　Markowitz 2014.

30　Ptolemy (vi. 1. 7), 見 Stevenson 1932；斯特拉波《地理志》（XI, 11.2）作 Eucratidia。關於此城的具體位置，迄無定見，存而不論。

31　YuTsh 1992, pp. 28-29.

32 YuTsh 1992, pp. 26-29.
33 Pompeius Trogus 曾載:"Scythia 部族 Saraucae（Sacarauli）和 Asiani（Asii）佔領了巴克特拉和索格底亞那。"（Prologus of Book xli）在另一處他又含糊地提到"Tochari 的王族 Asiani"和"Saraucae 的殲滅"（Prologus of Book xlii）。均見 Watson 1886/2003。
34 YuTsh 1992, pp. 57-59.

參考文獻

A

Adler 2002 = *The Chronography of George Synkellos. A Byzantine Chronicle of Universal History from the Creation*, Translation with Introduction and Notes by William Adler, Paul Tuffin, Oxford: Oxford University Press, 2002.

Anonymity 1814 = Zosimus, *New History*, tr. by Anonymity, London: Green and Chaplin, 1814.

Anson 1986 = Edward M. Anson, "Diodorus and the Date of Triparadeisus", *The American Journal of Philology* 107-2 (1986), pp. 208-217.

Assar 2005 = G. F. Assar, "Genealogy and Coinage of the Early Parthian Rulers", II: A Revised Stemma, *Parthica: incontri di culture nel mondo antico*, 7 (2005): pp. 29-63.

Assar 2006 = Gholamreza F. Assar, "Moses of Chorene and the Early Parthian Chronology", *Electrum* 11 (2006), pp. 61-86.

Audouin 1974 = R. Audouin, P. Bernard, "Trésor de monnaies indiennes et indo-grecques d'Aï Khanoum (Afghanistan)", *Revue Numismatique* 1974, pp. 6-41.

Banerji 1918 = R. D. Banerji, "Hāthīgumphā Inscription Revised from the Rock", *The*

Journal of the Bihar and Orissa Research Society, vol. 4 (1918), pp. 364-403.

Barnett 1968 = R. D. Barnett, "The Art of Bactria and the Treasure of Oxus", *Iranica Antiqua* 8 (1968), pp. 33-53.

Baynham 1995 = Elizabeth Baynham, "An Introduction to the Metz Epitome: Its Traditions and Value", *Antichthon* 29 (1995), pp. 60-77.

BCHP 11 = I. L. Finkel, R. J. van der Spek, R. Pirngruber, *Babylonian Chronographic Texts from the Hellenistic Period* (Invasion of Ptolemy III Chronicle), 2020. https://www.livius.org/sources/content/mesopotamian-chronicles-content/bchp-11-invasion-of-ptolemy-iii-chronicle/

Bellinger 1945 = Alfred R. Bellinger, "The Bronze Coins of Timarchus, 162-0 B.C.", *Museum Notes* (American Numismatic Society) 1 (1945), pp. 37-44.

Berve 1973 = H. Berve, *Das Alexanderreich auf prosopographischer Grundlage*, vol. II, Arno Press, 1973.

Bevan 1966 = E. R. Bevan, *The House of Seleucus*, 2 vols, London: Routledge and Kegen Paul, 1966.

Bing 2011 = D. Bing, "Antiochus I", *Encyclopædia Iranica*, online edition, 2011.

Bivar 1983(1) = A. D. H. Bivar, "The Political History of Iran under the Arsacids", In *The Cambridge History of Iran: The Seleucid, Parthian and Sasanian Periods*, vol. 3 (l). E. Yarshater, ed., Cambridge: Cambridge University Press, 1983, pp. 21-99.

Bivar 1983(2) = A. D. H. Bivar, "The History of Eastern Iran", In *The Cambridge History of Iran: The Seleucid, Parthian and Sasanian Periods*, vol. 3 (1). E. Yarshater, ed., Cambridge University Press, 1983, pp. 181-231.

Bivar 2000 = A. D. H. Bivar, "A Current Position on Some Central and South Asian Chronologies", *Bulletin of the Asia Institute* New Series, 14, 2000 (2004), pp.

69-75.

Bopearachchi 1991 = O. Bopearachchi, *Monnaies gréco-bactriennes et indo-grecques, Catalogue raisonné*, Bibliothèque Nationale, Paris, 1991.

Bopearachchi 1992 = Osmund Bopearachchi, "The Euthydemus Imitations and the Date of Sogdian Independence", *Silk Road Art and Achaeology*, vol. 2 (1992), pp. 1-21.

Bopearachchi 1999 = Osmund Bopearachchi, "The Seleucid Coins of Central Asia and the Bactra Mint", Translated from French into English: *Travaux de Numismatique Grecque Offerts à Georges Le Rider* (ch. 2), édités par Michel Amandry et Silvia Hurter avec la collaboration de Denyse Bérend.

Bopearachchi 2016 = O. Bopearachchi, "Emergence of Viṣṇu Iconography in Gandhāra: Numismatic and Sculptural Evidence", *Iconography of the Hindus, the Buddhists and the Jains*, C. P. R. Institute of Indological Research, 8-9 January, 2016.

Bordeaux 2012 = Olivier Bordeaux, "The Coinage of Diodotus I and II, New Data and Die-study", *EASAA (The European Association for South Asian Archaeology and Art)* 21st *International Conference*, Paris, Event Date: Jul 4, 2012.

Bosworth 1980 = A. B. Bosworth, *A Historical Commentary on Arrian's History of Alexander*, vol. I (Commentary on Books I-III), Oxford, 1980.

Bosworth 1981 = A. B. Bosworth, "A Missing Year in the History of Alexander the Great", *The Journal of Hellenic Studies* 101 (1981), pp. 17-39.

Bosworth 1988 = A. B. Bosworth, *Conquest and Empire, the Reign of Alexander the Great*, Cambridge and New York, 1988. [WangGl 2006]

Briant 2002 = Pierre Briant, *From Cyrus to Alexander, A History of the Persian*

Empire, tr. by P. T. Daniels, Indiana Eisenbrauns, 2002.

Broderson 1986 = K. Brodersen, "The Date of the Secession of Parthia from the Seleucid Kingdom", *Zeitschrift für Alte Geschichte*, Bd. 35, H. 3 (3rd Qtr., 1986), pp. 378-381.

Brunt 1983 = P. A. Brunt, tr., *Arrian Anabasis Alexandri*, Books I-IV, Books V-VII, Indica, London, 1983.

Cartledg 2004 = Paul Cartledge, *Alexander the Great: The Hunt for a New Past*, Intercontinental Literary Agency thropugh Big Apple Tuttle-Mori Agency, Inc, Labuan, Malaysia, 2004.

Castro 2012 = A. Di Castro, "Hestia, a Tabula Iliaca and Poseidon's Trident: Symbols' Adaptations of Some Bactrian and Gandhāran Divinities", In *2012, ASCS Conference Proceedings. Refereed Papers from the 33rd Annual Conference of the Australasian Society for Classical Studies*. http://www.ascs.org.au/news/ascs33/

Chanda 1919 = Ramaprasad Chanda, *Dates of the Votive Inscriptions on the Stupas at Sanchi*, Memoirs of the Archaeological Survey of India, No. 1. Calcutta, 1919.

Charpentier 1931 = Jarl Charpentier, "Antiochus, King of the Yavanas", *Bulletin of the School of Oriental Studies* 6-2 (1931), pp. 303-321.

Chattopadhyaya 1974 = S. Chattopadhyaya, *Some Early Dynasties of South India*. Delhi: Motilal, Banarsidass, 1974.

Clark 1919 = Walter Eugene Clark, "The Importance of Hellenism from the Point of Viewof Indic-Philology I", *Classical Philology* 14-4 (1919), pp. 297-313.

Cohen 2013 = Getzel M. Cohen, *The Hellenistic Settlements in the East from Armenia and Mesopotamia to Bactria and India*, London, 2003.

Cunningham 1884 = A. Cunningham, *Coins of Alexander's Successors in the East*

(Bactria, Ariana & India), London, 1884.

Dani 1992 = J. Harmatta, ed., *History of Civilizations of Central Asia*, vol. II, The Development of Sedentary and Nomadic Civilizations: 700 B.C. to A.D. 250, UNESCO Publishing, 1996. [XuWk 2001]

Davies 1998 = Iolo Davies, "Alexander's Itinerary. An English Translation", *Ancient History Bulletin* 12, 1-2 (1998), pp. 29-54.

Debevoise 1938 = N. C. Debevoise, *A Political History of Parthia*, Chicago, 1938.

Dindorf 1829 = *Corpus Scriptorum Historiae Byzantinae* XXIII (Georgius Syncellus et Nicephorus Cpolitanus [Niebuhrii Editio]), ed., W. Dindorf, Bonn, 1829.

Dittenberger 1903-05 (1-2) = Wilhelm Dittenberger, *Orientis Graeci Inscriptiones Selectae* (*OGIS*), vol. I, Leipzig, 1903-1905, Reprint Olms, Hildesheim, 1986.

Engels 2017 = Davis Engels, *Benefactors, Kings, Rulers, Studies the Seleukid Empire between East and West*, Peeters, 2017.

Erickson 2019 = Kyle Erickson, *The Early Seleukids, Their Gods and Their Coins*. London and New York, 2019.

Erskine 2017 = A. Erskine, L. Llewellyn-Jones, and S. Wallace, eds., *The Hellenistic Court: Monarchic Power and Elite Society From Alexander to Cleopatra*, Swansea: The Classical Press of Wales, 2017.

Falk 2007 = Harry Falk, "Ancient Indian Eras: An Overview", *Bulletin of the Asia Institute*, new series, 21 (2007), pp. 131-145.

FGrH = *Fragments of Greek Historians*. http://www.attalus.org/translate/fgh.html#156.0

Fischer 1967 = K. Fischer, "Zur Lage von Kandahar an Landverbindungen zwischen Iran und Indien", *Booner Jahrbucher* 167 (1967), pp. 129-232.

Fraser 1979/80 = P. M. Fraser, "The Son of Alexander at Kandahar", *Afghan Studies*

2 (1979/80), pp. 9-21.

Freese 1920 = *The Library of Photius*, vol. 1, tr. by J. H. Freese, London: Society for Promoting Christian Knowledge & New York: The Macmillan Company, 1920.

Frye 1985 = R. N. Frye, "Andragoras", *Encyclopaedia Iranica*, online edition, 2011.

Frye 1996 = R. N. Frye, et al., *The Heritage of Central Asia: From Antiquity to the Turkish Expansion*, Princeton, 1996.

Ganguli 1883-96 = *The Mahabharata of Krishna-Dwaipayana Vyasa*, tr. by Kisari Mohan Ganguli, Dehli, 1883 and 1896, vol. I (Adi Parva).

Gardner 1886 = Percy Gardner, *A Catalogue of Indian Coins in the British Museum, The Greek and Scythic Kings of Bactria*, London, 1886.

Geer 1984 = R. M. Geer, tr., *Diodorus of Sicily, with an English Translation*, London, 1984.

Geiger 1912 = Wilhelm Geiger, Mabel Haynes Bode, tr., H. Frowde, ed., *The Mahavamsa or the Great Chronicle of Ceylon*, London: Pali Text Society, 1912.

Glenn 2014 = Simon Glenn, "Heliocles and Laodice of Bactria: a Reconsideration", London: the Royal Numismatic Society (The Numismatic Chronicle 174 Offprint), 2014. pp. 45-59.

Goukowsky 1981 = P. Goukowsky, *Essai sur les origines du mythe d'Alexandre (336-270 B.C.)*, II: Alexandre et Dionysos, Nancy: Université de Nancy, 1981.

Grainger 2014 = Johu D. Grainger, *The Rise of the Seleukid Empire (323-223 BC), Seleukos I to Seleukos III*, Pen & Sword Military, Books Ltd, 2014.

Grainger 2015 = Johu D. Grainger, *The Serleukid Empire of Antiochus III (223-187 BC)*, Pen & Sword Military, Books Ltd, 2015.

Grayson 1975 = A. K. Grayson, *Assyrian and Babylonian Chronicles*, Augstin

Publishers, 1975.

Green 2007 = Peter Green, *Alexander the Great and the Hellenistic Age*, London: The Orion Publishing Group, Ltd, 2007.

Gregoratti 2014 = Leonardo Gregoratti, "The Mardians: A Note", *Anabasis* (Studia Classica et Orientalia) 5 (2014), pp. 76-85.

Guruge 1994 = A. W. P. Guruge, "Emperor Aśoka and Buddhism: Unresolved Discrepancies between Buddhist Tradition & Aśokan Inscriptions", In A. Seneviratna, *King Asoka and Buddhism Historical & Literary Studies*, Buddhist Publication Society, 1994, pp. 37-91.

Gutschmid 1888 = A. von Gutschmid, *Geschichte Irans und seiner Nachbarländer: von Alexander dem Grossen bis zum Untergang des Arsaiden*, Tübingen, 1888.

Habicht 1989 = C. Habicht, "The Seleucids and their Rivals", In A. E. Astin, ed., *The Cambridge Ancient History, vol. 8: Rome and the Mediterranean to 133 BC*, Cambridge, 1989, pp. 324-387.

Halkias 2014 = Georgios T. Halkias, "When the Greeks Converted the Buddha: Asymmetrical Transfers of Knowledge in Indo-Greek Cultures", In Peter Wick and Volker Rabens, eds., *Religions and Trade: Religious Formation, Transformation and Cross-Cultural Exchange between East and West*. Leiden: Brill, 2014, pp. 65-115.

Harmatta 1999 = J. Harmatta, "Alexander the Great in Central Asia", *Acta Antiqua Academiae Scientiarum Hungaricae* 39 (1999), pp. 129-136.

Heckel 2004 = Waldemar Heckel and J. C. Yardley, *Alexander the Great: Historical Texts in Translation*, Blackwell, 2004.

Holleaux 1930 = M. Holleaux, "Rome and Macedon: The Romans Against Philip, Cambridge Ancient History", In *Cambridge Ancient History*, vol. 8, ed. by S.

A. Cook, F. E. Adcock and M.P. Charlesworth (ch. 6-1, The "Anabasis" of Antiochus III), Cambridge, 1930, pp. 138-198.

Hollis 1996 = Adrian S. Hollis, "Laodice Mother of Eucratides of Bactria", *Zeitschrift für Papyrologie und Epigraphik*, Bd. 110 (1996), pp. 161-164.

Holt 1981 = F. L. Holt, "The Euthydemid Coinage of Bactria: Further Hoard Evidence from Ai Khanoum", In *Revue numismatique*, 6e série-Tome 23, année 1981, pp. 7-44.

Holt 1989 = F. L. Holt, *Alexander the Great and Bactria, the Formation of a Greek Frontier in Central Asia*, Brill, 1989.

Holt 1999 = Frank L. Holt, *Thundering Zeus: The Making of Hellenistic Bactria*. Berkeley, CA: University of California Press. 1999.

Holt 2000 = F. L. Holt, "Did King Euthydemus II Really Exist?", *The Numismatic Chronicle* 160 (2000), pp. 81-91.

Houghton 1979 = Arthur Houghton, "Timarchus as King of Babylonia", *Revue numismatique*. 21 (1979), pp. 213-217.

Hunt 2005 = John Hunt, "Textual Problems in the '*Metz Epitome*'", *L'Antiquité Classique*, T. 74 (2005), pp. 211-215.

Jakobsson 2010 = J. Jakobsson, "Antiochus Nicator, the Third King of Bactria", *Numismatic Chronicle* 170 (2010), pp. 17-33.

Jayaswal 1917 = K. P. Jayaswal, "Hathigumpha Inscription of the Emperor Khāravela (173 BC-160 BC)", *The Journal of the Bihar and Orissa Research Society*, vol. III-IV, 1917, pp. 425-483.

Jayaswal 1928 = K. P. Jayaswal, "Historical Data in the Garga-Samhita and the Brahmin Empire", *Journal of the Bihar and Orissa Research Society* 14 (1928), pp. 397-421.

Jayaswal 1933 = K. P. Jayaswal, R. D. Banerji, "The Hathigumpha Inscription of Kharavela", *Epigraphia India* 20 (1929-30), Delhi, 1933, pp. 71-89.

Jones 1916 = H. L. Jones, tr., *The Geography of Strabo, with an English Translation*, 8 vols, London, 1916-1936.

Kim 2017 = H. J. Kim, ed., *Eurasian Empires in Antiquity and the Early Middle Ages*, Cambridge University Press, 2017.

Konow 1923 = S. Konow, "Some Problems raised by the Kharavela Inscription", *Acta Orientalia* I (1923), pp. 12-42.

Kosmin 2014 = Paul J. Kosmin, The Land of the Elephant Kings: Space, Territory, and Ideology in the Seleucid Empire, London, 2014.

Kovalenko 1996 = Sergei Kovalenko, "The Coinage of Diodotos I and Diodotos II, Greek Kings of Bactria", *Silk Road Art and Archaeology* 4 (1995-1996), pp. 17-74.

Krishan 1996 = Y. Krishan, Kalpana K. Tadikonda, *The Buddha Image: Its Origin and Development*, Munshiram Manoharlal Publishers, 1996, p. 22.

Kritt 2001 = Brian Kritt, *Dynastic Transitions in the Coinage of Bactria*, Classical Numismatic Group, Inc., 2001.

Lahiri 1964 = A. N. Lahiri, "Who Struck the First Indo-Greek Bilingual Coin", *Proceedings of the Indian History Congress*, vol. 26, part I (1964), pp. 142-149.

Lerner 1999 = J. D. Lerner, The Impact of Seleucid Decline on the Eastern Iranian Plateau, The Foundations of Arsacid Parthia and Graeco-Bactria, Franz Steiner Verlag Stuttgart, 1999.

Loube 1995 = Heather M. Loube, The "Metz Epitome": Alexander (July, 330 B.C.-July, 325 B.C.), *A Commentary*, Ottawa, 1995.

Lyonnet 2012 = Bertille Lyonnet, "Questions on the Date of the Hellenistic

Pottery from Central Asia (Ai Khanoum, Marakanda and Koktepe)", *Ancient Civilizations from Scythia to Siberia* 18 (2012), pp. 143-173.

Macdonald 1922 = G. Macdonald, "The Hellenistic Kingdoms of Syria, Bactria and Parthia", In E. J. Rapson, ed., *The Cambridge History of India I*, Cambridge, 1922, pp. 427-466.

MacDowall 2007 = D. W. MacDowall, "The Eras of Demetrius, Eucratides and Azes", In R. Gyselen, ed., *Des Indo-Grecs aux Sassanides: données pour l'histoire et la géographie historique, Res Orientales* 17 (2007), pp. 103-109.

Macurdy 1975 = Grace Harriet Macurdy, *Hellenistic Queens: A Study of Woman-power in Macedonia, Seleucid Syria, and Ptolemaic Egypt*, Greenwood Press, 1975.

Markowitz 2014 = Mike Markowitz, "Metal Monsters: The Biggest Ancient Coins", *Numismatic Bibliomania Society, The E-Sylum*: vol. 17, number 48, November 23, 2014, Article 28 ed. by W. Homren. www.coinweek.com/ancient-coins/metal-monsters-biggest-ancient-coins/

Martinez-Sève 2014 = L. Martinez-Seve, "The Spatial Organization of Ai Khanoum, a Greek City in Afghanistan", *American Journal of Archaeology* 118-2 (2014), pp. 267-283.

Masson 1955 = V. M. Masson, "Denejznoe khoziaistvo drevnei Srednei Azii po numizmaticheskim dann'm", *VDI (Vestnik drevnei istorii)* 52-2 (1955), 1955, pp. 37-47. [В. М. Массон, "Денежное хозяйство древней Средней Азии по нумизматическим данным", *Вестник древней истории*, 1955, №. 2. стр. 37-47.]

Mukherjee 1969 = B. N. Mukherjee, "An Examination of the Theory of the Occupation of the Greek Bactria by Mithridates I", *Journal of Asiatic Society of Bengal* 11 (1969), pp. 1-5.

Musti 1986 = Domenico Musti, "The Date of the Secession of Parthia from the Seleucid

Kingdom", In Walbank, F. W., Astin, A. E., M. W. Frederiksen, R. M. Ogilvie, eds., *The Cambridge Ancient History*: vol. 7, part 1: The Hellenistic World, Cambridge University Press, 1986, pp. 175-220, esp. 219-220.

Narain 1957 = A. K. Narain, *The Indo-Greeks*, Oxford, 1957.

Narain 2006 = A. K. Narain, "The Greeks of Bactria and India", In A. E. Astin, *The Cambridge Ancient History*, vol. VIII, Part 1 (the Hellenistic World, ch. 11), Cambridge University Press, 2006, pp. 388-421.

Newell 1917 = Edward T. Newell, "The Seleucid Mint of Antioch", *American Journal of Numismatics (1897-1924)*, 51 (1917), pp. 1-151.

Newell 1938 = E. T. Newell, *Coinage of the Eastern Seleucid Mints from Seleucus I to Antiochus III*. Numismatic Studies, Issue 1, American Numismatic Society, New York, 1938.

Newell 1941 = E. T. Newell, *The Coinage of the Western Seleucid Mints*, Numismatic Studies, No. 4, New York, 1941.

Olbrycht 2010 = M. J. Olbrycht. "Mithradates I of Parthia and His Conquests up to 141 BC", In M. Dzielska, E. Dąbrowa, M. Salamon, and S. Sprawski, eds., *Hortus Historiae. Studies in Honour of Professor Jozef Wolski on the 100th Anniversary of His Birthday*, Krakow, 2010, pp. 229-245.

Oldfather 1933 = *Diodorus of Sicily*, tr. by C. H. Oldfather, London, 1933.

Panigrahi 1961 = K. C. Panigrahi, *Archaeological Remains at Bhubaneswar*, Kitab Mahal, Cuttack, 1961.

Parker 1956 = R. A. Parker and W. H. Dubberstein, *Babylonian Chronology 626 B.C.-A.D. 45*, Providence, R. I., 1956.

Paton 1922-27 = Polybius, *The Histories*, tr. by Paton, W. R., London, 1922-27.

Perrin 1919 = Plutarch, *The Life of Alexander*, tr. by Bernadotte Perrin, published in the Loeb Classical Library, 1919. [WuXzh 2005, XiDy 2009]

Perrin 1959 = B. Perrin, tr., *Plutarch's Lives* IX (*Demetrius*), The Loeb Classical Library, 1959.

Petratos 2014 = Andreas Petratos, "Alexander the Great in Central Asia", In *The Black Sea region and Asia: Politics and International Relations*, Thessaloniki 2014, pp. 1-18.

Prevas 2004 = John Prevas, *Envy of the Gods: Alexander the Great's Ill-Fated Journey across Asia*, Da Capo Press, Cambridge, Mass, 2004, p. 121.

Rackham 1949 = H. Rackham, tr., *Pliny, Natural History*, London, 1949.

Rapson 1922 = E. J. Rapson, *The Cambridge History of India*, vol. 1, Ancient India, Cambridge, 1922.

Rawlison 1912 = G. Rawlison, *Bactria, the History of a Forgotten Empire*, Westholme Pulioshing, 1912.

Rea 1994 = J. R. Rea, R. C. Senior, and A. S. Hollis, "A Tax Receipt from Hellenistic Bactria", *Zeitschrift für Papyrologie und Epigraphik* 104 (1994), pp. 261-280. Retrieved 2006-12-13.

Ridley 1982 = *Zosimus, New History*, a translation with commentary by Ronald T. Ridley, Canberra: Australian Association for Byzantine Studies, Byzantina Australiensia, 1982.

Robson 1929-33 = E. I. Robson, tr., *Arrian, with an English Translation*, London, 1929-1933.

Roisman 2003 = Joseph Roisman, ed., *Brill's Companion to Alexander the Great*, Brill, 2003.

Rolfe 1956 = John C. Rolfe, tr., Quintus Curtius, *Historiae Alexandri Magni*, London, 1956.

Rtveladze 1995 = E. V. Rtveladze, "Pathian and Bactria", Antonio Invernizzi, ed., *In the Land of the Gryphons: Papers on Central Asian Archaeology in Antiquity*; Monografie di Mesopotamia (Book 5), Florence: Casa Editrice Le Lettere, 1995, pp. 181-190.

Sachs 1988 = Abraham Sachs, Hermann Hunger, *Astronomical Diaries and Related Texts from Babylonia: Diaries from 652 B.C. to 262 B.C. Texts*, Wien: Verlag der Österreichischen Akademie der Wissenschaften, 1988.

Saint-Martin 1850 = M. J. Saint-Martin, *Fragments d'une histoire des Arsacides* i-ii, Paris, 1850.

Sallet 1879 = A. Von Sallet, *Die Nachfolger Alexanders des Grossen in Baktrien und Indien*, Berlin, 1879.

Schippmann 1986 = K. Schippmann, "Arsacids ii. The Arsacid Dynasty", *Encyclopaedia Iranica*, vol. II, fasc. 5 (1986), pp. 525-536.

Schoff 1914 = W. H. Schoff, ed. and tr., *Isidore of Charax, Parthian Stations*, Philadelphia, 1914.

Scholfield 1959 = A. F. Scholfield, tr., Aelian, *On the Characteristics of Animals*, vol. III, Books 12-17, Harvard University Press, 1959.

Sen 1988 = S. N. Sen, *Ancient Indian History and Civilization*, Wiley Eastern, 1988.

Senart 1905-6 = E. Senart, "On the Back Wall of the Veranda in Cave No. 17", No. 18, Plate V. (N. 3), *Epigraphia Indica* 8 (1905-06), pp. 90-91.

Senior 2004 = Senior, R.C., "The Indo-Greek and Indo-Scythian King Sequences in the Second and First Centuries BC", *Supplement to ONS Newsletter* 179, 2004, p. 24

Shahbazi 1977 = Alireza Shapour Shahbazi, "The 'Traditional date of Zoroaster' explained", *Bulletin of the School of Oriental and African Studies* 34 (1977), pp. 25-35.

Shahbazi 2011 = A. Sh. Shahbazi, "Apama", *Encyclopaedia Iranica*, online edition, 2011.

Sherwin-White 1993 = Susan Sherwin-White & Amélie Kuhrt, *From Samarkhand to Sardis, A new Approach to the Seleucid Empire*, Berkeley and Los Angeles: University of California Press, 1993.

Shimada 2012 = A. Shimada, *Early Buddhist Architecture in Context: The Great Stūpa at Amarāvatī (ca. 300 bce-300 ce)*, Brill, 2012.

Shuckburgh 1962 = Evelyn S. Shuckburgh, tr., *Polybius, Histories*, London and New York, Macmillan, 1889, Reprint Bloomington, 1962.

Sidky 2000 = H. Sidky, *The Greek Kingdom of Bactria: from Alexander to Eurcratides the Great*, University Press of America, Inc. 2000.

Smith 1854 = William Smith, "Apameia", In *Dictionary of Greek and Roman Geography*, London, 1854, pp. 152-153.

Smith 1920 = Vincent A. Smith, *Ashoka: The Buddhist Emperor of India*, Oxford, 1920.

Stadtner 1975 = D. Stadtner, "A Śuṅga Capital from Vidiśā", *Artibus Asiae* 37 (1/2), 1975, pp. 101-104.

Stevenson 1932 = E. L. Stevenson. tr. & ed., *Geography of Claudius Ptolemy*, New York, 1932.

Strootman 1968 = Rudolf Strootman, *The Hellenistic Royal Court: Court Culture, Ceremonial and Ideology in Greece, Egypt and the Near East, 336-30 BCE*, Rotterdam, 1968.

Strootman 2007 = Rolf Strootman, *The Hellenistic Royal Court: Court Culture, Ceremonial and Ideology in Greece, Egypt and the Near East, 336-30 BCE* (PhD Dissertation: Utrecht, 2007), Cf. Strootman, 1968.

Strootman 2015-1 = Rolf Strootman, "Seleucus", *Encyclopaedia Iranica*, online edition, 2015.

Strootman 2015-2 = Rolf Strootman, "Seleucid Empire", *Encyclopædia Iranica*, online edition, 2015.

Tarn 1929 = W. W. Tarn, "Queen Ptolemais and Apama", *The Classical Quarterly*, vol. 23, No. 3/4 (Jul.-Oct., 1929), pp. 138-141.

Tarn 1951 = W. W. Tarn. *The Greeks in Bactria & India*, Cambridge University Press, 1951.

Tawaney 1891 = C. H. Tawaney, tr., *The Malavikágnimitra, A Sannskrit Play by Kálidása*, Culcutta, 1891.

Thapar 1961 = R. Thapar, *Aśoka and the Decline of the Mauryas*, Oxford Press, 1961.

Vasu 1891-97 (Bk 1-8) = *The Ashṭádhyáyí of Páṇini*, tr. by Śriśa Chandra Vasu, Allahabad: Indian Press, 1891-97. (= *Patañjali's Vyākaraṇa-mahābhāṣya*, with English translation and notes (in Sanskrit and English).

Verma 1971 = Thakur Prasad Verma, *The Palaeography of Brahmi Script in North India* (from c. 236 B.C. to c. 200 A.D), Varanasi, 1971.

Walbank 1967 = F. W. Walbank, *A Historical Commentary on Polybius II*, Oxford, 1967.

Wallace 2016 = S. Wallace, "Greek Culture in Afghanistan and India: Old Evidence and New Discoveries", In *Greece & Rome* 63-2, The Classical Association (2016), pp. 205-226.

Watson 1853 = J. S. Watson, tr., Justinus: *Epitome of Pompeius Trogus' Philippic Historie*, London, 1853.

Weber 1862= A. Weber, *Indische Studien* (vol. 5, Fünfer Band): *Beiträge für die Kunde des Indischen Alterthums, Im Vereine mit Mehreren Gelehrten*, Leipzig, 1862.

White 1962 = H. White, tr., *Appian's Roman History* V 2 - Book 11: The Syrian Wars, London, 1962.

Wilson 1841 = H. H. Wilson, *Ariana Antiqua: A Descriptive Account of the Antiquities* and Coins of Afghanistan, Munshiram Manoharlal, New Delhi, 1841.

Wilson 2004 = L. M. Wilson, "Demetrios II of Bactria and Hoards from Ai Khanoum", *Oriental Numismatic Society, Newsletter* 180 (2004), pp. 12-13.

Yardley 2004 = *Curtius Rufus, The History of Alexander*, tr. by John Yardley, with an Introduction and Notes by *Waldemar Heckel*, Penguin Books Ltd., 2004.

B

JiXl 1985 = 季羨林等《大唐西域記校注》，中華書局，1985 年。

LiH 1985 = 阿里安《亞歷山大遠征記》（李活漢譯），商務印書館，1985 年。

SimaQ 1975 = 司馬遷《史記・大宛列傳》，中華書局，1975 年，pp. 3157-3180。

WangGl 2006 = A. B. 博斯沃思《亞歷山大帝國》（王桂玲譯），青海人民出版社，2006 年。

WuXzh 2005 = 普魯塔克《亞歷山大大帝傳》（吳奚真譯），團結出版社，2005 年。

XiDy 2009 = 普魯塔克《希臘羅馬名人傳（第一七篇第一章）：亞歷山大》（席代岳譯），吉林出版集團有限公司，2009 年，pp. 1195-1268。

XuWk 2001 = 丹尼"亞歷山大及其在中亞的後繼者"，《中亞文明史》第二卷（徐文堪、芮傳明譯），中國對外翻譯出版公司，2001 年，pp. 41-66。

YuTsh 1992 = 余太山《塞種史研究》，中國社會科學出版社，1992 年。

YuTsh 2020 = 余太山"帕提亞帝國創始人阿薩息斯的淵源"，《西域研究》2020 年第 1 期，pp. 1-11。

ZengDh 2010 = 保羅・卡特利奇《亞歷山大大帝——尋找新的歷史》，上海三聯書店（曾德華譯），2010 年。

索引

A

Abian Scythia 35

Achais 80, 81, 91

Adulis 97, 106

Aetolia 10

Agathocles 108, 111, 142

Agrian 14, 59

Albania 8

Alexandria 49, 50, 68, 69, 77, 81, 146

Alexandria Eschate 52, 68, 81

Amazon 41, 53

Androcottus 78

Antigonus I 77

Antimachus I 144

Antiocheia 80, 87

Antiochia Margiana 80

Antiochus Hierax 82, 97, 113

Antiochus I Soter 78-80, 105

Antiochus II Theos 82, 105, 108, 126

Antiochus III Megas 83

Aornos 32, 51

Apama 79, 183, 184

Apamea 19, 84, 87-89

Apameia 88, 89, 183

Aparnian Däae 95

Apollo Didymaeus 81

Apollodotus I 153

Arachotia 7

Arbela 10

Areia 7, 49, 50

Ariamazes 45, 54

Arius 81, 83, 91, 92, 116, 123, 124, 134, 146

Armenia 9

Arsaces I 95

Arsaces II 83

Artacabene 81, 91

Artacoana 27, 49, 59, 71, 81, 91

Ashoka 130, 183
Aspionus 156, 157
Heliocles 150, 151, 162, 166, 175
Assacenians 61, 74
Attalus I 82
Babylon 10, 171, 175, 177, 180, 182
Bactra 11
Bactria 7, 41
Bactrus 33, 51
Barsaentes 7, 12-14, 27, 28, 49, 56, 57, 59, 60, 75
Bergama 82, 91
Bessus 7
Branchidae 33, 34, 51
Cappadocia 77, 90
Caria 8
Caucasus 29-31, 50
Chandragupta 78, 131
Chorasimia 40, 53
Chorienes 23, 46, 48, 54, 62
Colchi 40, 41, 53
Corinthe 3
Cyropolis 36, 37, 52, 72, 73
Cyrus II 35
Dahae 8, 108
Darius I 6
Darius III 3
Dattāmitra 136
Dattamitri 136

Dattāmittrī 136, 137
Demetrias 133, 137
Demetrius 86, 87, 92, 136, 139, 142
Demetrius I Soter 152
Didymeon 34, 51
Diodotus I 82, 116
Diodotus II 109, 119
Drangiana 12
Drapsaca 32, 51
Ecbatana 11, 40, 47
Eucratides I 134
Eucratidia 156, 168
Euthydemia 135
Euthydemus 83, 142
Gadrosia 29, 50
Gaugamela 6
Gaza 36, 52, 67
Gazaba 44, 53, 54
Gedroseni 79, 131
Granicus 4
Hecatompylos 23, 48
Hecatompylus 48, 83, 119
Heliodotos 127, 129
Hellespont 5, 98
Heraclea 80
Hypanis 128, 130, 138, 147
Hyrcania 7
Imaüs 128, 130, 147
Kalinga 138

Khāravela 138-140
Kusumadhvaja 137
Lacedaemonians 4
Lycus 23, 47
Madhadeśa 137
Mādhyamika 136
Maeotis 95
Magnesia 118, 122
Mahārakkhita 132
Manaces 7
Mardia 8
Margiana 32, 146
Massagetae 15
Mathurā 137,139
Mauaces 65
Media 9, 50
Memaceni 36, 52
Menander 128
Merv 91, 146
Mesene 88, 92
Milesians 34
Miletus 34, 51, 105
Mithridates I 152
Molon 119
Nautaca 44, 45, 53
Ochus 4, 41, 53, 97, 108, 120
Orontes 87, 92, 93
Oxus 22, 31-34, 41, 48, 51, 53, 54, 84, 114, 156

Pantaleon 141
Paraetacae 11
Parapanisus 33, 51
Pareitacae 46, 54
Parii 95, 96, 113
Paropamisadae 30, 50, 132
Paropamisus 79, 131
Parthyaea 10, 48
Parthyaeus 7
Pasitigres 10
Pātaliputra 137, 138
Patañjali 135
Pattalene 128, 129
Pergamon 82
Perinthus 4
Persepolis 10, 47
Peucolaus 40, 52
Phasis 41
Philip II 3
Phocia 10
Phrataphernes 7, 24
Phrygia 78, 88, 89, 91
Phryni 128, 130
Polytimetus 39, 40, 52, 84, 85
Protesilaus 6
Ptolemy I Soter 77
Ptolemy II Philadelphus 105
Ptolemy III Euergetes 97, 105
Pushyamitra Shunga 130

Rājagaha 139
Rājagṛiha 139
Rhagae 12
Roxane 45
Sacae 7
Sāketa 136-138
Samosat 88
Sandrocottus 79, 131
Saraostus 128, 130, 147
Scythia 7, 26, 42, 169
Scythian Abii 35
Seleucia 80
Seleucus 62, 78
Seleucus I Nicator 76, 79, 88, 99, 130, 131
Seleucus II Callinicus 82
Seleucus III Ceraunusr 82
Seres 128, 130
Sigerdis 128, 130, 147
Sirynca 83, 92
Sisimithres 44, 45, 53, 54
Sogdia 172
Sogdiana 7, 44
Sophagasenus 132
Sousiana 98
Spitamenes 23
Stateira 6
Stiboeities 23, 48
Susa 10, 19

Susia 26, 49, 71
Susiana 98
Tanais 22, 27, 31, 33-35, 37-39, 46, 48, 50, 52, 57, 66, 68, 81, 84
Tapuria 123, 127
Tapurians 7
Tapyri 77, 90
Taurus 97, 120
Teleas 109, 118, 122
Thebes 3
Thermodon 41
Timarchus 105, 155, 156, 158, 159
Tiridates 28, 102, 103, 108
Trajan 102
Transpotamia 94
Troad 6, 17
Turiva 156, 157
Uxians 10
Uxii 22
Xandii 95, 96
Xenippa 41, 53
Yona 131, 138
Zadracarta 15, 24, 26, 48
Zarangaeans 59, 74
Zariaspa 35, 40, 42, 51, 52, 117, 123, 124, 146, 156
Zeugma 88

B

阿波羅多圖斯 140, 153

阿柏拉 10, 17-19, 22

阿帕瑪 79, 84-87, 89

阿塔羅斯一世 82

阿拉霍西亞 7, 8, 12, 13, 18, 29

阿格瑞安 31, 32, 50, 56, 59, 68, 69, 75, 77-79, 131, 133-135

阿加托克里斯 104, 111, 114, 115, 141-145, 149, 152, 153, 161, 167, 168

阿瑞亞 7, 15, 18, 26, 27, 29, 30, 32, 49, 50, 59, 60, 69, 75, 78, 79, 81, 113, 121, 123, 126-129, 131, 134, 146, 154, 156, 157

阿薩息斯 95, 96-110, 113, 114, 120, 122, 125

阿薩息斯二世 83, 119, 126

阿爾貝尼亞 8, 18

阿育王 130, 131, 147

埃克巴塔那 11, 19, 22, 58, 75, 118

安提馬科斯二世 144, 153

安提馬科斯一世 144, 145, 149, 152, 153

安提柯 76, 77, 92

安條克四世 83, 151, 155, 158

安條克三世 82-84, 90, 109, 110, 116, 118-120, 122-128, 132, 134, 135, 145, 148, 151, 152, 158

安條克二世 82, 94, 95, 97, 99, 103, 104, 107, 111, 114, 126, 150

安條克一世 78, 79, 81, 82, 84, 86, 87, 89, 94, 100

巴比倫 10, 12, 14, 24, 64, 70, 77, 88, 92, 94, 98, 105-107

巴克特拉 15, 19, 24, 28, 32, 33, 40, 51, 53, 83, 123, 124, 134, 156, 158, 167, 169

巴克特里亞 1, 7-9, 12, 13, 15, 16, 18, 19, 22, 23, 26, 27, 29-36, 41-43, 45, 46, 50-54, 56-63, 65, 68, 71, 75, 77-86, 89, 90, 93-99, 101, 102, 106-123, 125-130, 132-135, 137-146, 148-159, 161-168

鉢顛闍利 135, 136

波斯波利斯城 10, 22

柏薩斯 7, 12-16, 22, 24, 26-35, 40, 48, 49, 51, 56-62, 65, 66, 68, 70, 71, 74, 75, 84, 85

大流士三世 1, 3-7, 9, 10, 13-16, 18, 22, 25, 28, 29, 48, 49, 56-60, 65, 66, 70, 74, 75, 84, 89

大流士一世 6, 17

大益 8, 15, 18, 24, 31, 43, 53, 57

德蘭癸亞那 12, 13, 20, 28, 29, 31, 32, 49, 50, 56, 59, 68, 69, 134, 154, 156

德米特里厄斯一世 124, 126, 128-130, 133-136, 139-142, 144, 145, 148, 152, 153, 156, 158, 160, 161, 167, 168

德米特里厄斯二世 139-141, 148, 153, 160-162

迪奧多圖斯一世 83, 95, 96, 98, 108, 109,

111-113, 115, 116, 121, 122, 125-127, 142
迪奧多圖斯二世 83, 108-112, 119, 121, 126
底比斯 3
腓力二世 3, 17
福拉塔弗尼斯 7
福西亞 10, 19
格拉尼卡斯 4
高加梅拉 6, 7, 9, 16-18, 56, 58, 59, 65, 66
赫勒斯滂 5, 6, 17
赫卡尼亞 7, 10, 15, 18, 22-29, 31, 32, 41, 48, 60, 75, 83, 108, 119, 159
羯陵伽 138, 139
伽德羅西亞 29, 50, 68, 131
卡瑞亞 8, 19
科林斯 3
拉伽 11, 20, 22
拉斯地蒙人 4
羅克塞妮 45, 46, 54, 61-64, 85, 89, 93
馬土臘 137, 139
馬地亞 8, 15, 19, 25, 26, 41, 48
馬那西斯 7
馬格尼西亞 118, 122
馬爾吉亞那 32, 41, 80, 90, 113, 121, 123, 126, 127, 134, 146, 157, 167
瑪薩革泰 18, 20, 24, 38, 42, 43, 48, 64, 65, 85, 86, 164,
歐卡斯 4, 11, 17, 85

歐克拉提德斯一世 134, 141, 143, 148, 150-163, 166-168
歐西德謨斯一世 83, 110, 116, 119-128, 132, 134, 142, 144-146, 148, 149, 158, 161
歐西德謨斯二世 140-143, 145, 149, 152, 153
帕提亞 11, 18, 19, 22, 24-28, 31, 32, 48, 50, 77, 83, 95-110, 113-115, 118-120, 122, 125, 126, 133, 135, 137, 145, 152-160, 163
帕西底格里斯 10, 19, 22
帕西亞烏斯 7, 18
帕瑞塔卡 11, 20, 22, 47, 62
坡任薩斯 4, 17
潘塔萊翁 141-145, 149, 150, 161, 167, 168
普拉提西勞斯 6, 17
普什亞米特拉・巽伽 130, 135, 138
摩訶勒棄多 132
莫隆 119-121
彌蘭 128-130, 138, 140, 160, 161
米底 9-11, 19, 22, 58, 63, 83, 85, 86, 97, 98, 113, 119-121, 155, 158, 159
米特里達提一世 152, 154-160, 163, 166, 167
賽里斯 128, 130
塞琉西亞 80, 87, 88, 92, 94
塞琉古二世 82, 97, 98, 100-102, 104, 107, 151

塞琉古三世 82

塞琉古一世 76, 78, 79, 84, 87, 89, 91, 100, 107, 132, 150

奢羯羅 135, 140, 147

斯基泰 7-9, 11, 18, 20, 26, 27, 31, 33, 35-43, 50, 56-58, 63-66, 69, 90, 95-97, 99, 102, 108, 113, 115, 120, 164

斯塔苔拉 6, 18

斯皮塔米尼斯 23, 31, 33-37, 39, 40, 42, 43, 51-53, 61, 62, 71, 84-86

索格底亞那 7, 15, 18, 20, 22, 23, 31, 33-37, 39-46, 51-54, 56, 61-63, 65, 67, 72, 77, 78, 81, 85, 89, 93, 113, 121, 126, 127, 148, 154, 156, 164, 167, 169

蘇薩 10, 19, 22, 60, 62, 63, 84-86

塔普瑞亞 7, 15, 18, 23-26, 48, 116

塔蘭特 6, 11, 18

圖拉真 102

托勒密三世 97, 98, 105, 106

托勒密一世 92

王舍城 138

伊托利亞 10, 18

亞美尼亞 9, 19, 77, 83, 119, 167

攸克西亞 10, 18

奥那 131, 132, 136-139, 141, 147

扎德拉卡塔 15, 20

旃陀羅笈多 78, 79, 130-132

後記

這一課題立意於 2009 年，同年開始收集和閱讀資料，大約直到 2014 年才寫出第一篇文章，由於種種原因，時停時續。時至今日，最起碼的要求還未達到。之所以不得不將這本小冊子付梓，只因在世時日已屈指可數，真所謂時不我待矣。

如所周知，有關亞歷山大東征和希臘—巴克特里亞王國之研究成果汗牛充棟，蒙社科院古代史所中外關係史研究室同仁以及在國內外的其他朋友鼎力相助，始得以略窺若干西方學界的有關研究信息；否則，我將寸步難行。謹在此表示我深切的謝意。

可以說，搞本課題的唯一收穫就是對自己的淺薄和低能有了進一步的認識。